# 希望の経典「御書」に学ぶ 1

池田大作

聖教新聞社

# 講義にあたって

「逆境《ぎやつきよう》に在《あ》っては當《まさ》に斯《か》く叫《さけ》ばねばならぬ、『希望！　希望！　又《また》希望！』と」（「追放」神津道一訳、『ユーゴー全集 9』所収、ユーゴー全集刊行会）

フランスの文豪《ぶんごう》ユゴーは、亡命《ぼうめい》の地から、圧制《あつせい》に苦《くる》しむ民衆《みんしゆう》に向かって呼《よ》びかけました。いかなる逆境にあっても、希望がある限《かぎ》り、敗《やぶ》れることは断《だん》じてありません。希望ある限り、人間は前進し続《つづ》けることが可能《かのう》なのです。

日蓮大聖人の仏法は「希望の宗教《しゆうきよう》」です。あらゆる苦難《くなん》を乗《の》り越《こ》え、いかなる障魔《しようま》も打《う》ち砕《くだ》いていく無限《むげん》の力《ちから》が、我《わ》が胸中《きようちゆう》にあることを洞察《どうさつ》した「大哲学《だいてつがく》」であります。そして、その無限の力を一人《ひとり》の人間が現《あらわ》していく「実践《じつせん》と実証《じつしよう》」が明《あき》らかにされています。それゆえに、万人《ばんにん》の胸中に「希望」を絶《た》えず生《う》み出《だ》してゆける力強《ちからづよ》い宗教なのです。

この希望の哲学と実践と実証が余《あま》すところなく示《しめ》されているのが「御書」にほかなりま

せん。

御書は、私たちに、無限《むげん》の勇気と希望を湧《わ》き上《あ》がらせてくれる光源《こうげん》です。大聖人《だいしょうにん》が命《いのち》に及《およ》ぶ大闘争《だいとうそう》の中で、門下《もんか》のため、全人類《ぜんじんるい》のために、綴《つづ》り残《のこ》してくださった「希望の経典《きょうてん》」です。

恩師《おんし》・戸田城聖《じょうせい》先生は言われました。

「大聖人は、大病大難《たいびょうだいなん》を受けられながら、我々《われわれ》に、自分の運命をそこから切り開いていけ！　と、教《おし》えてくださっているのです。ありがたいことだ。私もその命がけの教育を、大聖人から受けてきました」

蓮祖《れんそ》の魂《たましい》がほとばしるこの御書を、私たちは一行《ぎょう》でも二行でも身《み》をもって拝読《はいどく》してまいりたい。「御書根本《こんぽん》」「実践《じっせん》の教学」こそ創価学会の伝統《でんとう》です。

今再《ふたた》び、御本仏《ごほんぶつ》の大生命の律動《りつどう》を拝する思いで、御消息文《ごしょうそくもん》を中心に御書を学《まな》んでいきましょう。

# 目次

一、本書は、「大白蓮華」に連載された「池田名誉会長講義　希望の経典『御書』に学ぶ」（二〇〇七年九月号～二〇〇八年一月号）を『希望の経典「御書」に学ぶ　1』として著者の了解を得て、収録した。

一、御書の引用は、『新編　日蓮大聖人御書全集』（創価学会版）を（御書〇〇㌻）で示した。

一、法華経の引用は、『妙法蓮華経並開結』（創価学会版）を（法華経〇〇㌻）で示した。

一、仏教用語の読み方は、『仏教哲学大辞典』（第三版）を参照した。

一、引用文のなかで、旧字体を新字体に改めたものもある。

一、肩書、名称、時節等については、掲載時のままにした。

一、説明が必要と思われる語句には、〈注〇〉を付け、編末に注解を設けた。

一、編集部による注は、（＝　）と記した。

——編集部

# 千日尼御前御返事《せんにちあまごぜんごへんじ》

（雷門鼓御書《らいもんのつづみごしょ》）

# 「心こそ大切《たいせつ》」

## ――師弟不二《していふに》の心の絆《きずな》を　どこまでも深《ふか》く強く

「心こそ大切なれ」――仏法の師弟における最強の絆は「心」です。

妙法流布《るふ》を志《こころざ》した師弟の心と心は、いかなる距離《きょり》も乗《の》り越《こ》え、天に月が現《あらわ》れれば直《ただ》ちに池に影《かげ》を浮《う》かべるように、瞬時《しゅんじ》に通《つう》じ合《あ》っていきます。

この「千日尼御前《せんにちあまごぜん》御返事《ごへんじ》」は、遠《とお》く離《はな》れた師と弟子《でし》による心と心の交流のドラマを凝《ぎょう》縮《しゅく》した、一幅《いっぷく》の名画《めいが》のようなお手紙です。

本抄《ほんしょう》は、弘安元年《こうあんがんねん》（一二七八年）閏《うるう》十月十九日、大聖人《だいしょうにん》が五十七歳の御時《おんとき》、身延《みのぶ》の地から、はるか山海《さんかい》を隔《へだ》てた佐渡《さど》の地に住《す》む千日尼へ送《おく》られました。

千日尼は、夫《おっと》・阿仏房《あぶつぼう》とともに、流罪中《るざいちゅう》の大聖人に帰依《きえ》し、命《いのち》をかけて大聖人をお守《まも》りした純真《じゅんしん》な門下《もんか》です。

大聖人《だいしょうにん》が身延《みのぶ》に入山《にゅうざん》された後も、尊《とうと》き使命《しめい》を託《たく》されて佐渡《さど》の広宣流布《こうせんるふ》の中心者として夫婦《ふうふ》して活躍《かつやく》しました。

夫《おっと》の阿仏房《あぶつぼう》は、亡《な》くなるまでの数年の間《あいだ》に少なくとも三回、高齢《こうれい》を押《お》し、長く危険《きけん》な道を踏《ふ》み越《こ》えて、大聖人のもとへ訪《たず》ねております。

この弘安元年《こうあんがんねん》の夏にも、阿仏房は大聖人を求《もと》める求道《きゅうどう》の旅《たび》をしました。その年《とし》の初冬《しょとう》、千日尼からの真心《まごころ》の御供養《ごくよう》が大聖人のもとに届《とど》きます。

その御返事《ごへんじ》として認《したた》められた本抄《ほんしょう》では、毎年のように阿仏房を送《おく》り出《だ》してきた千日尼の変わらぬ真心を賞讃《しょうさん》されました。

〝あなたは師子王《ししおう》の経典《きょうてん》を持《たも》つ女性ですから、何も恐《おそ》れる必要《ひつよう》はありません。あなたの真心は、釈迦仏《しゃかぶつ》、多宝如来《たほうにょらい》、三世《さんぜ》十方《じっぽう》の諸仏《しょぶつ》〈注1〉が、必《かなら》ずご存《ぞん》じのことでしょう〟と最大の激励《げきれい》をなされております。

心から師を求める弟子《でし》の信心。そして弟子を根底《こんてい》から励《はげ》ます師の慈愛《じあい》。この師弟一体《していいったい》の妙《たえ》なる心が響《ひび》きわたる御消息文《ごしょうそくもん》が本抄です。

## 御文

（御書一三一六ページ五行目〜八行目）

又《また》法華経《ほけきょう》を供養《くよう》する人は十方《じっぽう》の仏菩薩《ぶつぼさつ》を供養する功徳《くどく》と同じきなり、十方の諸仏《しょぶつ》は妙《みょう》の一字より生《しょう》じ給《たま》へる故《ゆえ》なり、譬《たと》えば一《ひとつ》の師子《しし》に百子《し》あり・彼《か》の百子・諸《もろもろ》の禽獣《きんじゅう》に犯《おか》さるるに・一の師子王吼《ほゆ》れば百子力《ちから》を得《え》て諸の禽獣皆頭七分《こうべしちぶ》にわる《破》、法華経は師子王の如《ごと》し一切《いっさい》の獣《けもの》の頂《いただ》きとす、法華経の師子王を持《たも》つ女人《にょにん》は一切の地獄《じごく》・餓鬼《がき》・畜生等《ちくしょうとう》の百獣に恐《おそ》るる事《こと》なし

## 現代語訳

また、法華経《ほけきょう》に供養《くよう》する人の功徳《くどく》は、十方《じっぽう》の仏《ほとけ》や菩薩《ぼさつ》に供養する功徳と同じなのです。

それは、十方のありとあらゆる仏は「妙《みょう》」の一字から生まれたからです。

譬《たと》えば一頭《とう》の師子《しし》に百匹《ぴき》の子《こ》がいます。その百の子が多くの鳥獣《ちょうじゅう》に襲《おそ》われている時、一頭の師子王が吼《ほ》えれば、百の子は力《ちから》を得《え》て、多くの鳥獣は皆頭《こうべ》が七分《しちぶ》に割《わ》れます。

法華経は師子王と同じです。すべての獣《けもの》の頂点《ちょうてん》となるのです。

法華経という師子王を持《たも》つ女性は、一切《いっさい》の地獄《じごく》・餓鬼《がき》・畜生等《ちくしょうとう》の百獣を恐《おそ》れることはありません。

## 法華経供養《ほけきょうくよう》に無限《むげん》の功徳《くどく》

法華経を供養する功徳は無限です。

その功徳力《くどくりき》によって、いかなる障魔《しょうま》も打ち下《くだ》すことができる。そして、その確信《かくしん》が人生の根幹《こんかん》にあれば、これほど強いものはありません。

法華経は三世十方《さんぜじっぽう》の諸仏《しょぶつ》の成仏《じょうぶつ》の根源《こんげん》です。無限の過去から無限の未来にわたり、この宇宙《うちゅう》には無数《むすう》の仏《ほとけ》が出現《しゅつげん》するとされます。

その全《すべ》ての仏は、例外《れいがい》なく、法華経を師《し》として成仏するのです。

それゆえに、法華経を供養するということは、あらゆる仏を供養したことに等《ひと》しいのです。その功徳が無限でないわけがありません。

本抄《ほんしょう》の前半《ぜんはん》では、仏典《ぶってん》に説《と》かれる十方の仏の名を一つ一つ挙《あ》げられています〈注2〉。さらにまた、過去荘厳劫《そうごんこう》・現在賢劫《げんごう》・未来星宿劫《せいしゅくこう》〈注3〉にそれぞれ千仏《せんぶつ》が出現するとの仏典の説《せつ》も示《しめ》されております。

十方という壮大《そうだい》な空間《くうかん》、過去・現在・未来にわたる長遠《ちょうおん》な時間、そして無数の仏・菩薩《ぼさつ》の存在《そんざい》――。なぜ、このような壮大な宇宙観《うちゅうかん》を大聖人《だいしょうにん》が展開《てんかい》されているのでしょうか。

当時の世界観《せかいかん》から言えば、辺土《へんど》のわずかな小島《こじま》に過《す》ぎない日本、そのまた北辺《ほくへん》の離島《りとう》である佐渡《さど》に住《す》む、無名《むめい》にして、年老《としお》いた一人《ひとり》の庶民《しょみん》の女性が千日尼《せんにちあま》でした。しかし、広宣流布《こうせんるふ》の師匠《ししょう》を護《まも》り抜《ぬ》かんとする、その心は、どれほど偉大《いだい》であるか。どれほど崇高《すうこう》に輝《かがや》きわたっているか。

大聖人《だいしょうにん》は、この千日尼の宇宙大《うちゅうだい》の福徳《ふくとく》を讃《たた》えておられるのではないでしょうか。

——法華経《ほけきょう》に供養《くよう》することは、同時《どうじ》に十方《じっぽう》の仏《ぶつ》・菩薩《ぼさつ》に供養しているのです。ゆえに、十方の仏・菩薩が、あなたを守ります。絶対《ぜったい》に行き詰《づ》まりはありません。何《なん》の心配《しんぱい》もいりません。永遠《えいえん》にして宇宙大の境涯《きょうがい》を悠々《ゆうゆう》と満喫《まんきつ》していけるのです！——と。

## 「妙《みょう》の一字」の功徳《くどく》——妙の三義《さんぎ》

御文《ごもん》では「十方の諸仏《しょぶつ》は妙の一字より生《しょう》じ給《たま》へる故《ゆえ》なり」と仰《おお》せです。「妙の一字」とは、妙法の「妙」の字であり、南無妙法蓮華経の「妙」の字です。

法華経二十八品《ぽん》にはさまざまな法理《ほうり》が説《と》かれていますが、結局《けつきょく》のところ、全《すべ》ては、この「妙」を表現《ひょうげん》し、教《おし》え、伝《つた》えるためなのです。そして、この「妙」を体得《たいとく》した人が仏《ほとけ》となるのです。ゆえに、法華経《ほけきょう》があらゆる仏《ほとけ》の師《し》なのです。

大聖人《だいしょうにん》が末法《まっぽう》の衆生《しゅじょう》のためにあらわされ、弘《ひろ》められた三大秘法《ひほう》の南無妙法蓮華経は、まさに万人《ばんにん》に、この「妙」の力《ちから》を会得《えとく》させる大法《だいほう》なのです。

大聖人は、「法華経題目抄《しょう》〈注4〉」で、「開《かい》の義《ぎ》」「具足円満《ぐそくえんまん》の義」「蘇生《そせい》の義」の、いわゆる「妙の三義」を説《と》かれています。
①「妙と申《もう》す事《こと》は開と云《い》う事なり」（御書九四三ページ）——法華経は諸経《しょきょう》の蔵《くら》を開《ひら》く鍵《かぎ》であり、この法華経によってこそ諸経が秘めた財《たから》を生《い》かすことができる。
②「妙とは具の義なり具とは円満の義なり」（御書九四四ページ）——芥子粒《けしつぶ》のように小さい如意宝珠《にょいほうしゅ》〈注5〉から一切《いっさい》の宝《たから》が現《あらわ》れるように、また、太陽の光《ひかり》によってあらゆる草花《くさばな》が開花《かいか》するように、法華経の一つの文字《もじ》にはあらゆる法と功徳《くどく》が具《そな》わっている。
③「妙とは蘇生の義なり蘇生と申すはよみがへる義なり」（御書九四七ページ）——それまで成仏《じょうぶつ》できないとされてきた、いかなる衆生も蘇生させ、必《かなら》ず成仏させることができる。
妙法は万法《ばんぽう》を具した根源的《こんげんてき》にして円満な法であり（具足円満の義）、すべてのものの本来《ほんらい》の価値《かち》を開く力がある（開の義）。ゆえに、いかに行き詰《づ》まった境遇《きょうぐう》にある人をも蘇生さ

せ、成仏《じょうぶつ》させていく力《ちから》がある（蘇生《そせい》の義《ぎ》）のです。

私たちは南無妙法蓮華経の題目を自行化他《じぎょうけた》にわたって唱《とな》えることで、この「妙の一字」の力を自身の胸中《きょうちゅう》に具体的《ぐたいてき》に現《あらわ》すことができます。なんと素晴《すば》らしい仏法でしょうか。

この「妙の一字」を体得《たいとく》するために、自分自身の仏道修行《ぶつどうしゅぎょう》があります。広宣流布《こうせんるふ》の活動も、その一点にあります。

戸田先生は詠《よ》まれました。

正法《しょうほう》の
　広布の時ぞ
　　きたりける
妙の一字に
　命《いのち》まかせて

広宣流布へ不惜身命《ふしゃくしんみょう》の覚悟《かくご》で進むとき、私たちは「妙の一字」の功徳《くどく》を、全生命で受けきっていくことができるのです。

## 「法華経《ほけきょう》の師子王《ししおう》を持《たも》つ女人《にょにん》」

本抄《ほんしょう》は短《みじか》いお手紙ですが、その中で「譬《たと》えば」という表現《ひょうげん》が五回も繰《く》り返《かえ》されます。仏法の法理《ほうり》を、少《すこ》しでもわかりやすくとの深《ふか》い御慈愛《ごじあい》を拝《はい》することができます。

「譬えば一《ひとつ》の師子に百子《し》あり」と始まる譬喩《ひゆ》では、法華経供養《くよう》の無限《むげん》の功徳《くどく》はどのように現《あらわ》れるかを教《おし》えられています。

ここでは、「妙《みょう》の一字」の無限の力《ちから》をもつ法華経を「師子王」に譬えられています。また、法華経を持ち、供養する人を「師子の子《こ》」に譬えられています。そして、地獄《じごく》・餓《が》鬼《き》・畜生等《ちくしょうとう》〈注6〉の不《ふ》幸《こう》の生命を「禽獣《きんじゅう》」（鳥《とり》やけもの）に譬えられています。

いかなる禽獣が襲《おそ》いかかろうとも、師子王が吼《ほ》えれば、百匹《びき》の子は勇気を奮《ふる》い起《お》こし、禽獣を打《う》ち破《やぶ》ることができる。

同じように、法華経を供養する人は、「妙の一字」の無限の力を得《え》て、地獄・餓鬼・畜生等の不幸の生命を打ち破っていけるのです。

法華経《ほけきょう》は「師子王《ししおう》の経典《きょうてん》」です。

それゆえに大聖人《だいしょうにん》は千日尼《せんにちあま》に対《たい》して、「法華経の師子王を持《たも》つ女人《にょにん》は、一切《いっさい》の地獄《じごく》・餓《が》鬼《き》・畜生等《ちくしょうとう》の百獣《ひゃくじゅう》を恐《おそ》れることはない」と激励《げきれい》されているのです。

ここで「女人」と仰《おお》せです。男性中心の武家《ぶけ》社会にあった当時の女性は、一般《いっぱん》に弱《よわ》い立《たち》場《ば》にあった。

佐渡《さど》の信仰《しんこう》の中心者であった千日尼には、病気《びょうき》や老《お》いや家族の問題などで苦《くる》しむ女性たちの声が届《とど》いていたこともあるでしょう。それを大聖人に相談申《そうだんもう》し上《あ》げたとも推察《すいさつ》されます。あるいは大聖人は、千日尼の何《なん》らかの心の揺《ゆ》らぎを察知《さっち》したのかもしれません。

いずれにしても、師子王の経典である法華経を持つ女性は何も恐れる必要《ひつよう》はないと、千日尼を包《つつ》み込《こ》むように励《はげ》まされているのです。

また、この励ましは、むしろ女性の信仰の強さを端的《たんてき》に表現《ひょうげん》されている一節《いっせつ》として拝《はい》することもできます。

すなわち、いざという時、自分にこだわりがちな男性よりも、女性のほうが師の教《おし》えの通りに妙法の無限《むげん》の力《ちから》を発揮《はっき》できるのではないでしょうか。

その信の力《ちから》が「何も恐《おそ》れず、何も迷《まよ》わず」との信仰《しんこう》の真髄《しんずい》の境地《きょうち》をもたらすのです。この境地を得《え》た女性は、もはや、いかなる魔性《ましょう》にも食《く》い破《やぶ》られることはありません。

信心深《ふか》き女性には、正邪《せいじゃ》を瞬時《しゅんじ》に見抜《みぬ》く智慧《ちえ》があります。三毒《さんどく》〈注7〉を押《お》し流《なが》す根本《こんぽん》の勇気を持っています。万物《ばんぶつ》を育《はぐく》む慈悲《じひ》の一念《いちねん》が具《そな》わっています。

その智慧と勇気と慈悲が一体《いったい》となった決定《けつじょう》した心が、妙法を悟《さと》った師《し》の姿《すがた》に触発《しょくはつ》されて現《あらわ》れてくるのです。その女性の生命は、いかなる魔の蠢動《しゅんどう》にも紛動《ふんどう》されることは断《だん》じてありません。

戸田先生は、「広宣流布《こうせんるふ》の実現《じつげん》が、なるもならぬも、女性の働《はたら》きで決まるんだよ」と、つねに語《かた》っておられた。

「歓喜《かんき》の中の大歓喜」を知った女性にとって、妨《さまた》げるものは何もありません。そのように蘇《よみがえ》った女性の姿は、今度は、多くの友の心を触発していける最大の力になるのです。

## 御文

（御書一三一六ページ八行目～十三行目）

譬《たと》えば女人《にょにん》の一生《いっしょう》の間《あいだ》の御罪《おんつみ》は諸《もろもろ》の乾草《かれくさ》の如《ごと》し法華経《ほけきょう》の妙《みょう》の一字は小火《しょうか》の如し、小火を衆草《しゅそう》につきぬれば衆草焼《や》け亡《ほろ》ぶるのみならず大木《たいぼく》大石《たいせき》皆焼け失《う》せぬ、妙の一字の智火《ちか》以《もっ》て此《か》くの如し諸罪消《しょざいき》ゆるのみならず衆罪《しゅざい》かへりて功徳《くどく》となる毒薬《どくやく》変じて甘露《かんろ》となる是《これ》なり、譬えば黒《くろ》漆《うるし》に白物《おしろい》を入《い》れぬれば白色《はくしょく》となる、女人の御罪は漆の如し南無妙法蓮華経の文字《もんじ》は白物の如し人は臨終《りんじゅう》の時地獄《じごく》に堕《お》つる者は黒色《こくしょく》となる上其《そ》の身《み》重き事《こと》千引《ちびき》の石の如し善人《ぜんにん》は設《たと》ひ七尺《しゃく》八尺の女人なれども色《いろ》黒き者なれども臨終に色変じて白色となる又軽《またかる》き事鵞毛《がもう》の如し輭《やわらか》なる事兜羅緜《とろめん》の如し

17　千日尼御前御返事（雷門鼓御書）

## 現代語訳

譬《たと》えば女性が一生《いっしょう》の間《あいだ》に犯《おか》す罪《つみ》は、多くの枯《か》れ草《くさ》のようなものです。法華経《ほけきょう》の「妙《みょう》」の一字は小さな火のようなものです。一面の草に小さな火をつければ、すべての草が焼《や》き尽《つ》くされるだけでなく、大木《たいぼく》や大石《たいせき》も皆焼け果《は》てます。「妙」の一字の智慧《ちえ》の火は、一切《いっさい》を焼き尽くす火のようなものです。あらゆる罪が消《き》えるだけでなく、それらすべての罪はかえって功徳《くどく》となるのです。「毒薬《どくやく》が変化《へんか》して甘露《かんろ》となる」とはこのことです。

譬えば黒《くろ》い漆《うるし》におしろいを入れると白《しろ》くなります。女人《にょにん》の罪は漆に同じであり、南無妙法蓮華経の文字《もじ》はおしろいと同じです。

人は臨終《りんじゅう》を迎《むか》えた時、地獄《じごく》に堕《お》ちる者は黒くなるうえに、その体の重いことは、千人で引くほどの重い石のようです。

善人《ぜんにん》はたとえ七、八尺《しゃく》の女性であっても、色《いろ》の黒い者であっても、臨終には色が変わって白《しろ》くなり、また、軽《かる》いことは鵞鳥《がちょう》の羽毛《うもう》のようであり、柔《やわ》らかいことは綿布《めんぷ》のようです。

## 一切《いっさい》を変毒為薬《へんどくいやく》する妙法の力用《りきゆう》

千日尼《せんにちあま》への励《はげ》ましが続《つづ》きます。妙法には、一切の罪《つみ》、一切の不幸《ふこう》を「変毒為薬〈注8〉」する力《ちから》があることを、やはり譬《たと》えをもって示《しめ》されています。

ここでは、一人《ひとり》の人が一生《いっしょう》に犯《おか》す罪を「枯《か》れ草《くさ》」の多さに譬えられています。

また、その多くの罪を一挙《いっきょ》に消《け》すことのできる「妙の一字」の力を「小さな火」に譬えています。

わずか一字でも、一生の間《あいだ》の多くの罪を全部《ぜんぶ》消していける偉大《いだい》な力用があることを示されているのです。

それほど偉大な妙法の力です。だから、安心して人生をわたっていけるのです。

ここで、多くの草で譬えられる一生の罪とは、日常《にちじょう》の悩《なや》みや苦《くる》しみを指《さ》すものと拝《はい》することができます。

日々、悩《なや》みと戦い、過《あやま》ちなく生きていくために、題目を唱《とな》えて祈《いの》りきっていく。その確《かく》たる生き方があれば、いかなる苦境《くきょう》に陥《おちい》っても、また、どんな難問《なんもん》に直面《ちょくめん》しても、あたかも、小さな火が次から次へと枯《か》れ草《くさ》を燃《も》やし尽《つ》くしていくように、一切《いっさい》の悩みや不《ふ》安《あん》や過ちが燃え尽きていくのです。

しかも、多くの枯れ草が燃えれば、大木《たいぼく》や大石《たいせき》まで焼《や》き尽くすことができると仰《おお》せです。すなわち、日常《にちじょう》の悩みを自行化他《じぎょうけた》の唱題《しょうだい》の火で解決《かいけつ》していく信心の挑戦《ちょうせん》をやめなければ、いつしか根深《ねぶか》い宿業《しゅくごう》も燃え尽き、不幸《ふこう》の根源《こんげん》である元品《がんぽん》の無明《むみょう》〈注9〉も砕《くだ》け散《ち》っていくのです。

そこに、宿命転換《しゅくめいてんかん》・一生成仏《いっしょうじょうぶつ》という功徳《くどく》の大輪《たいりん》の花が咲《さ》き薫《かお》ることは間違《まちが》いありません。

本抄《ほんしょう》で「諸罪消《しょざいき》ゆるのみならず衆罪《しゅざい》かへりて功徳となる毒薬《どくやく》変じて甘露《かんろ》〈注10〉となる是《これ》なり」と仰せのとおりです。

竜樹《りゅうじゅ》〈注11〉は、法華経《ほけきょう》の「妙《みょう》の一字」の力《ちから》について「変毒為薬《へんどくいやく》」の徳《とく》であると釈《しゃく》しています。三道《さんどう》（煩悩《ぼんのう》・業《ごう》・苦《く》）〈注12〉を三徳（法身《ほっしん》・般若《はんにゃ》・解脱《げだつ》）〈注13〉へと転ずることができる。すなわち、凡夫《ぼんぷ》〈注14〉がその姿《すがた》のままで成仏《じょうぶつ》できる「即身《そくしん》成仏」の法門《ほうもん》です。

更《さら》に、一人《ひとり》の宿命転換《しゅくめいてんかん》は、全人類《ぜんじんるい》の宿命転換の道を開きます。

創価の婦人部・女子部こそは、その根本的《こんぽんてき》な変革《へんかく》のトップランナーです。

アメリカ・ルネサンスの旗手《きしゅ》ホイットマン〈注15〉は、民主主義《みんしゅしゅぎ》の発展《はってん》を論《ろん》ずるなかで、女性の活躍《かつやく》に大《おお》いに期待《きたい》を寄《よ》せた一人でした。

「とにかく、まず人間として、いろんな分野《ぶんや》において偉大《いだい》なのだ」（「民主主義の展望」鵜木奎治郎訳、『アメリカ古典文庫 5 ウォルト・ホイットマン』所収、研究社出版）

さらに彼は、「実《じつ》に偉大も偉大、まったく、女性自身が考《かんが》えているよりもはるかに偉大であるのが、女性の世界なのだ」（同）とも謳《うた》っております。

いわんや「法華経《ほけきょう》の師子王《ししおう》」を持《たも》った女性の活躍が、どれほど大きく世界を変えていくか。創価の女性のスクラムは、その重大《じゅうだい》な使命《しめい》を果《は》たしゆく、世界の宝《たから》の存在《そんざい》なのです。

## 臨終正念《りんじゅうしょうねん》こそが成仏の証《あかし》

「譬《たと》え」は更《さら》に続《つづ》きます。黒《くろ》い漆《うるし》に「白物《おしろい》」を入れれば、黒い漆が白《しろ》い色《いろ》になるように、妙法は、いかなる罪障《ざいしょう》も消《け》していける力《ちから》を持ちます。

その証《あかし》として、地獄《じごく》に堕《お》ちる者と対比《たいひ》する形《かたち》で、妙法を持《たも》った善人《ぜんにん》の臨終《りんじゅう》の相《そう》について触《ふ》れられています。

ここに「臨終の相」について述《の》べられている有名な御文《ごもん》がありますので、一言《いちごん》、「臨終」について大切《たいせつ》な点を確認《かくにん》しておきたい。

それは、本抄《ほんしょう》で「白色《はくしょく》となる」「体が鵞鳥《がちょう》の羽毛《うもう》のように軽《かる》い」等と、臨終時の相に言《げん》及《きゅう》されていますが、臨終において大切《たいせつ》なのは、あくまでも「臨終正念《しょうねん》〈注16〉」という心の次元《じげん》であるということです。

例《たと》えば、肌《はだ》の色《いろ》といっても、もともと個人差もあり、成仏《じょうぶつ》したかどうかの絶対的《ぜったいてき》な基準《きじゅん》には決《けっ》してなりうるものではない。

ゆえに表相《ひょうそう》の姿《すがた》に一喜《いっき》一憂《いちゆう》することはありません。

同志《どうし》の唱題《しょうだい》に包《つつ》まれて、次の新しい生《せい》へと出発《しゅっぱつ》していく清々《すがすが》しい表情《ひょうじょう》。何《なん》ともいえない穏《おだ》やかさのなかに、明るく、光《ひかり》がさしたような優《やさ》しい表情。見ている人の心を鼓舞《こぶ》するような、崇高《すうこう》な使命《しめい》の勝鬨《かちどき》を感じさせる表情。そうした表情に表《あらわ》れた「内《ない》面《めん》の輝《かがや》き」を「白色《はくしょく》」と仰《おお》せられていると拝《はい》されます。

若くして旅立《たびだ》たれる方もいます。不慮《ふりょ》の事故《じこ》で亡《な》くなられる場合《ばあい》もある。長い闘病《とうびょう》生活の末《すえ》に亡くなられる方もいる。

しかし、いかなる場合であれ、何も嘆《なげ》くことはありません。大切《たいせつ》なのはどこまでも「心」です。「信心」を最後まで貫《つらぬ》いたかどうかです。

御書にも涅槃経《ねはんきょう》を引かれて「悪象等《あくぞうとう》は唯《ただ》能《よ》く身《み》を壊《やぶ》りて心を壊る能《あた》わず」〈注17〉（御書六五㌻）と説《と》かれております。悪象等とは、今でいえば交通《こうつう》事故などです。

経緯《けいい》はさまざまでも、妙法に深《ふか》く縁《えん》をし、使命《しめい》を果《は》たしきった方の臨終《りんじゅう》は、必《かなら》ず荘厳《そうごん》な「内面の輝き」に包《つつ》まれている。

絶対《ぜったい》に心配《しんぱい》ない。不思議《ふしぎ》な因果《いんが》の姿《すがた》です。どこまでも「心こそ大切」なのです。

## 御文

（御書一三二六ページ十四行目〜十八行目）

佐渡《さど》の国より此《こ》の国までは山海《さんかい》を隔《へだ》てて千里《り》に及《およ》び候《そうろう》に女人《にょにん》の御身《おんみ》として法華経《ほけきょう》を志《こころざ》しましますによりて年年《ねんねん》に夫《おっと》を御使《おんつかい》として御訪《おんとぶら》いあり定《さだ》めて法華経釈迦《しゃか》多《た》宝十方《ほうじっぽう》の諸仏《しょぶつ》・其《そ》の御心《おんこころ》をしろしめすらん、譬《たと》えば天月《てんげつ》は四万由旬《ゆじゅん》なれども大地の池には須臾《しゅゆ》に影浮《かげうか》び雷門《らいもん》の鼓《つづみ》は千万里遠《とお》けれども打ちては須臾に聞《きこ》ゆ、御身は佐渡の国にをはせども心は此の国に来《きた》れり、仏《ほとけ》に成《な》る道も此《か》くの如《ごと》し、我等《われら》は穢土《えど》に候《そうら》へども心は霊山《りょうぜん》に住《すむ》べし、御面《おんかお》を見てはなにかせん心こそ大切《たいせつ》に候へ、いつか《早晩》いつか釈迦仏のをはします霊山会上《えじょう》にまひりあひ候はん

## 現代語訳

佐渡《さど》の国からこの甲斐《かい》の国までは、山や海を隔《へだ》てて千里《り》に及《およ》ぶのに、法華経《ほけきよう》への信仰《しんこう》ゆえに、女性の身《み》として毎年のように夫《おっと》を御使《おんつか》いとして日蓮を訪《おとず》れておられます。きっと法華経・釈迦仏《しゃかぶつ》・多宝如来《たほうにょらい》・十方《じっぽう》の諸仏《しょぶつ》も、そのお心をご存《ぞん》じでありましょう。譬《たと》えば天空《てんくう》の月《つき》は遠《とお》く四万由旬《ゆじゅん》も離《はな》れていますが、大地の池には瞬時《しゅんじ》に影《かげ》が浮《う》かび、雷門《らいもん》の鼓《つづみ》は千万里の遠くにあっても打てば瞬時《しゅんじ》に聞こえます。あなたの身は佐渡の国にいらっしゃいますが、心はこの国に来ています。

仏《ほとけ》に成《な》る道もこれと同様《どうよう》です。

私たちはけがれた国土《こくど》におりますが、心は霊山浄土《りょうぜんじょうど》に住《す》んでいるのです。お会いしたからといってどうなりましょう。心こそ大切《たいせつ》です。いつか必《かなら》ず釈迦仏のいらっしゃる霊山浄土の会座《えざ》でお会いしましょう。

## 信心の一念《いちねん》は距離《きょり》を超《こ》える

天空《てんくう》の月《つき》は、遠《とお》く四万由旬《ゆじゅん》〈注18〉離《はな》れていても、その影《かげ》を地上《ちじょう》の池に浮《う》かべます。雷《らい》門《もん》の鼓《つづみ》〈注19〉は、瞬時《しゅんじ》に音《おと》が伝《つた》わります。

「御身《おんみ》は佐渡《さど》の国にをはせども心は此《こ》の国に来《きた》れり」――〝あなたの身は、山海《さんかい》を遠く隔《へだ》てた佐渡の地から一歩《ぽ》も外《そと》には出られなくても、あなたの心は、間違《まちが》いなく私のところに来ていますよ〟と仰《おお》せです。

千日尼《せんにちあま》には、〝もう一生涯《いっしょうがい》、大聖人《だいしょうにん》とお会いすることはできない〟という、どこか寂《さび》しい気持ちが心の底《そこ》にあったことでしょう。あるいは、それを大聖人が見抜《みぬ》かれたのかもしれません。しかし、仏法に感傷《かんしょう》はない。信心の「一念」は、瞬時に距離を超えます。〝心は私と一緒《いっしょ》に戦っているではないか〟――との励《はげ》ましが、千日尼にどれほどの勇気と希望を与《あた》えたかは想像《そうぞう》にかたくありません。

「我等《われら》は穢土《えど》に候《そうら》へども心は霊山《りょうぜん》に住《すむ》べし」――〝私たちの住《す》む娑婆《しゃば》世界は、穢土すなわち汚《よご》れた国土《こくど》であっても、正法《しょうほう》を持《たも》った私たちの心は、霊鷲山《りょうじゅせん》すなわち常寂光土《じょうじゃっこうど》〈注20〉にあるのです〟と仰せです。

仏《ほとけ》に成《な》ったからといって、悩《なや》みがなくなるわけではありません。穢土《えど》を避《さ》けることもできません。しかし、ありのままの人間でありながら、その胸中《きょうちゅう》に崩《くず》れざる絶対的《ぜったいてき》な「幸福境涯《きょうがい》」を築《きず》くならば、不幸《ふこう》に泣くことは断《だん》じてありません。

「心は霊山《りょうぜん》に住《すむ》べし」とは、いかなる環境《かんきょう》や悩みにも振《ふ》り回《まわ》されない尊極《そんごく》な仏の生命を、私たちの胸中にも涌現《ゆげん》することができると教《おし》えられているのです。

「御面《おんかお》を見てはなにかせん」と仰《おお》せのように、信心は、会えるか会えないかというような形式《けいしき》では決まりません。「心こそ大切《たいせつ》なれ」です。そして、その「心」は必《かなら》ず行動《こうどう》に現《あらわ》れる。千日尼《せんにちあま》の真心《まごころ》の場合《ばあい》は、毎年のように、夫《おっと》を大聖人《だいしょうにん》のもとへ送《おく》り出《だ》すという行動として現れたのです。そこに千日尼の変わらぬ志《こころざし》が現れているのです。

「そのお心こそが成仏《じょうぶつ》の道ですよ」「私には、あなたの真心が十分《じゅうぶん》にわかりますよ」との呼《よ》びかけが「心こそ大切に候《そうら》へ」との仰せに結晶《けっしょう》しているのです。

## 「師《し》を求《もと》め抜《ぬ》く心」こそ肝要《かんよう》

大聖人は最後に「いつかいつか《早晩》釈迦仏《しゃかぶつ》のをはします霊山会上《えじょう》にまひりあひ候はん」と仰

せです。千日尼《せんにちあま》の志《こころざし》は本物《ほんもの》であり、必《かなら》ず一生成仏《いっしょうじょうぶつ》を遂《と》げて、霊山浄土《りょうぜんじょうど》〈注21〉で師《し》に会うことができるとの御断言《ごだんげん》です。仏法の師弟《してい》の絆《きずな》は三世《さんぜ》永遠《えいえん》なのです。

阿仏房《あぶつぼう》・千日尼夫妻《ふさい》は「師を求《もと》め抜《ぬ》く心」を示《しめ》してくれました。その「心」は、子にも継承《けいしょう》され、子息《しそく》の藤九郎守綱《とうくろうもりつな》は、阿仏房の跡《あと》を継《つ》いで法華経《ほけきょう》の行者《ぎょうじゃ》となり、大聖人《だいしょうにん》のもとへ訪《おとず》れます。大聖人御在世《ございせ》の師弟不二《ふに》の信心の模範《もはん》です。

かつて私は、学生部の皆さんとの懇談《こんだん》のなかで、「師弟不二」についての質問《しつもん》に対《たい》して、こうお答《こた》えしたことがあります。

「自分の中に、師をたもって自立《じりつ》するということです。私の中に戸田先生がいる。口《くち》で言うべきではなく、心の問題です。『不二』というのは、自分の中にあるからです」

私は、いついかなる時も、どこにいても、常《つね》に戸田先生と対話《たいわ》しながら戦っています。「不二」は、自分の中にあるのです。不二の師弟は、距離《きょり》を超《こ》え、時間を超えます。「師弟の心」は、永遠に共戦《きょうせん》の歴史を綴《つづ》っていきます。

この「心こそ大切《たいせつ》」の大哲学《だいてつがく》を掲《かか》げて、広宣流布《こうせんるふ》の連続闘争《れんぞくとうそう》に前進していきましょう。

## 注解

〈注1〉【釈迦仏《しゃかぶつ》、多宝如来《たほうにょらい》、三世《さんぜ》十方《じっぽう》の諸仏《しょぶつ》】釈迦仏は法華経《ほけきょう》を説いた教主《きょうしゅ》。多宝如来は法華経の教えが真実であることを証明するため、説法の場に大地の下から宝塔《ほうとう》とともに出現した仏《ほとけ》。三世十方の諸仏は、法華経の説法の場に十方の仏土《ぶつど》から参集《さんしゅう》した多数の諸仏。ありとあらゆる仏のこと。

〈注2〉「十方《じっぽう》の仏《ほとけ》と申すは東方善徳仏《とうほうぜんとくぶつ》・東南方無憂徳《とうなんぽうむう》仏・南方栴檀《せんだん》徳仏・西南方宝施仏《せいなんぽうほうせぶつ》・西方無量《せいほうむりょう》明《みょう》仏・西北方華《せいほくほうけ》徳仏・北方相《ほっぽうそう》徳仏・東北方三《とうほくほうさん》乗《じょう》行《ぎょう》仏・上方広衆《じょうほうこうしゅ》徳仏・下方明《かほうみょう》徳仏なり」(御書一三一五ページ)

〈注3〉【過去荘厳劫《そうごんこう》・現在賢劫《げんごう》・未来星宿劫《せいしゅくこう》】過去荘厳劫とは、過去の大劫《だいごう》(長遠《ちょうおん》な時間で成《じょう》・住《じゅう》・壊《え》・空《くう》の四劫からなる)。住劫において華光仏《けこうぶつ》から毘舎浮仏《びしゃふぶつ》に至る千仏が出現し荘厳されたので荘厳劫という。現在賢劫とは、現在の大劫。その住劫には拘留孫仏《くるそんぶつ》から楼至仏《ろうしぶつ》に至る千仏が出現すると説かれる。未来星宿劫とは、未来の大劫。その住劫には日光仏《にっこうぶつ》から須弥相仏《しゅみそうぶつ》に至る千仏が出現すると説かれる。

〈注4〉【法華経題目抄《ほけきょうだいもくしょう》】文永《ぶんえい》三年一月六日に日蓮大聖人が著《あらわ》された御消息《ごしょうそく》。法華経の題目を信じて唱える功徳《くどく》の素晴らしさを教えられている。

〈注5〉【如意宝珠《にょいほうしゅ》】意のままに無量《むりょう》の宝を取り出すことのできる宝珠のこと。如意珠、如意宝ともいう。仏《ほとけ》や経典の功徳《くどく》の大きいことをあらわしたもの。

〈注6〉【地獄《じごく》・餓鬼《がき》・畜生等《ちくしょうとう》】地獄・餓鬼・畜生は、十種の生命境涯《きょうがい》のうち、最も劣悪《れつあく》な三つ。地獄は苦悩に苛《さいな》まれ瞋《いか》りに覆《おお》われた境涯。餓鬼は満たされることのない飽《あ》くない貪《むさぼ》りに覆われた境涯。畜生は因果《いんが》の道理を弁《わきま》えず強いものには諂《へつら》い弱いものは脅《おど》す癡《おろ》かさに覆われた境涯。

〈注7〉【三毒《さんどく》】煩悩《ぼんのう》のうち最も根本的な貪《むさぼ》り、瞋《いか》り、癡《おろ》かさのこと。

〈注8〉【変毒為薬《へんどくいやく》】「毒を変じて薬と為《な》す」と読《よ》み下《くだ》す。『大智度論《だいちどろん》』巻百に「大薬師の能《よ》く毒を以《もっ》て薬と為すが如《ごと》し」とある。

〈注9〉【元品《がんぽん》の無明《むみょう》】生命の根源的な無知、究極《きゅうきょく》の真実を明《あ》かした妙法を信じられず理解できない癡《おろ》かさ。

〈注10〉【甘露《かんろ》】サンスクリット（古代インドの文章語）の「アムリタ」の訳《やく》で、不死の良薬のこと。

〈注11〉【竜樹《りゅうじゅ》】ナーガールジュナのこと。一五〇年〜二五〇年ごろ。インドの大乗《だいじょう》の論師。『中論』など多くの論を著《あらわ》し、大乗仏教を宣揚《せんよう》し、中国、日本の仏教にも多大な影響を与えた。

〈注12〉【三道《さんどう》（煩悩《ぼんのう》・業《ごう》・苦《く》）】凡夫《ぼんぷ》が生命に具《そな》わる迷いである煩悩によって、悪業《あくごう》を積み重ね、苦悩の境涯《きょうがい》に陥《おちい》ることを繰り返していること。

〈注13〉【三徳《さんとく》（法身《ほっしん》・般若《はんにゃ》・解脱《げだつ》）】仏《ほとけ》の具《そな》えている三種の徳性《とくせい》で、法身とは証得《しょうとく》した真理、般若とはその真理を覚知《かくち》する智慧《ちえ》、解脱とは苦の束縛《そくばく》を脱却《だっきゃく》した自在の境地。

〈注14〉【凡夫《ぼんぷ》】煩悩《ぼんのう》・業《ごう》・苦《く》に束縛《そくばく》され、迷いの世界（六道）で生死を繰り返す者をいう。

〈注15〉【ホイットマン】ウォルト・ホイットマン。一八一九年〜一八九二年。アメリカの国民詩人、ジャーナリスト。詩集『草の葉』などで、あるがままの人間性を讃美《さんび》し、民主主義を讃《たた》えた。

〈注16〉【臨終正念《りんじゅうしょうねん》】臨終に当たり、正しく一念《いちねん》を定《さだ》めていること。仏道を歩み続け成仏《じょうぶつ》を確信し大満足の心で臨終を迎《むか》えること。

〈注17〉暴《あば》れる悪象《あくぞう》によって死んだとしても、肉体が破壊《はかい》されるだけであって、正法《しょうほう》を信受《しんじゅ》して福徳《ふくとく》を積《つ》んだ心は破壊されることはない、との意。

〈注18〉【由旬《ゆじゅん》】サンスクリット（古代インドの文章語）

のヨージャナの音写《おんしゃ》。インドの距離の単位。一由旬とは帝王が一日に行軍する道のりをいう。中国の四十里《り》に当たるとされるが種々の説がある。

〈注19〉【雷門《らいもん》の鼓《つづみ》】会稽城《かいけいじょう》（中国浙江省紹興《チョーチャンしょうシャオシン》）の雷門の太鼓《たいこ》のこと。この太鼓の音が遠く都の洛陽《ルオヤン》（らくよう）まで瞬時に聞こえたといわれる。

〈注20〉【常寂光土《じょうじゃっこうど》】永遠の仏《ほとけ》が常住《じょうじゅう》する真実の仏国《ぶっこく》土《ど》。

〈注21〉【霊山浄土《りょうぜんじょうど》】法華経《ほけきょう》の説法が行われた霊鷲山《りょうじゅせん》では、多《た》宝如来《ほうにょらい》の宝塔《ほうとう》の中に久遠《くおん》の釈尊《しゃくそん》が常住《じょうじゅう》して法華経を説き続けており、永遠の浄土となっている。日蓮大聖人は法華経の行者《ぎょうじゃ》が、今ここにいながら往還《おうかん》できる浄土であるとともに、亡《な》くなった後に往《ゆ》く浄土であるとされている。

（二〇〇七年九月号）

# 可延定業書《かえんじょうごうしょ》

## 健康長寿《ちょうじゅ》
### ——「生きて生きて生き抜《ぬ》く」ための信心

「生きる」こと以上の宝《たから》はありません。

「生きて生き抜く」ことが、仏法の目的《もくてき》です。「健康長寿」のための信心です。

今回は、「可延定業書《かえんじょうごうしょ》〈注1〉」を拝読《はいどく》します。

病《やまい》と戦う富木尼御前《ときあまごぜん》〈注2〉に対《たい》し、妙法への強盛《ごうじょう》なる信心で、必《かなら》ず宿命転換《しゅくめいてんかん》できることを教《おし》え、励《はげ》まされたお手紙です。

私にとって、「可延定業書」は恩師《おんし》との思い出多き御書でもあります。

戸田先生が一般《いっぱん》講義で、本抄《ほんしょう》を講義されたのは、今からちょうど五十年前（一九五七年）の九月二十七日。私も会場の一隅《いちぐう》で、拝聴《はいちょう》していました。

あの歴史的な「原水爆禁止《げんすいばくきんし》宣言《せんげん》〈注3〉」が発表《はっぴょう》された同じ月のことです。

「われわれ世界の民衆《みんしゅう》は、生存《せいぞん》の権利《けんり》をもっております」

誰《だれ》もが生きる権利をもっている。まさに、この宣言《せんげん》をされた同じ月に、恩師《おんし》は、生命の尊厳性《そんげんせい》を説《と》き明《あ》かした「可延定業書《かえんじょうごうしょ》」を講義なされたのです。

恩師の逝去後《せいきょご》、私は、先生の講義や講演《こうえん》を、後世《こうせい》に厳然《げんぜん》と残《のこ》しゆくためにレコード化《か》していきました。恩師の「魂《たましい》の声」の集成《しゅうせい》――その一枚目として完成《かんせい》したのも、実《じつ》は、この「可延定業書」の一般《いっぱん》講義だったのです。

御文《ごもん》を拝《はい》して先生は言われました。

「病気《びょうき》で悩《なや》むということは、その人の罪業《ざいごう》を消《け》す手段《しゅだん》なのだ！　長く生きよ、御本尊を信じて！　短命《たんめい》であってはならぬ！」

その気迫《きはく》みなぎる声が、今も胸《むね》の奥深《おくふか》く、響《ひび》きわたっています。

先生のご体調《たいちょう》もあり、一時《いちじ》、中断《ちゅうだん》していた戸田大学の「朝の授業《じゅぎょう》」を、再開《さいかい》しようと言ってくださったのも、このころです。

「人間をつくらねばならぬ。広宣流布《こうせんるふ》を成《な》し遂《と》げる本当の後継者《こうけいしゃ》を。命《いのち》をかけても、それをなさねばならぬのだ」――これが先生の、深く峻厳《しゅんげん》な覚悟《かくご》であられた。

「一日の命《いのち》は三千界《かい》の財《たから》にもすぎて候《そうろう》なり」〈注4〉（御書九八六ジペー）――「一日」また「一日」と、まさにご自身の命を削《けず》られての訓練《くんれん》でした。

私は感動《かんどう》に打ち震《ふる》えながら、一心不乱《いっしんふらん》に学《まな》び、戦いました。私の、三十歳を目前《もくぜん》とする秋でした。

そして今、私は、あの日の戸田先生と同じ思いで、「一日」「一日」を出発《しゅっぱつ》しています。二度と来ない、今日という「宝《たから》の一日」をどう生き切るのか。

かけがえのない「わが命」を何に使《つか》うのか――今回は、この「宿命転換《しゅくめいてんかん》の要諦《ようてい》」「健康長寿《ちょうじゅ》の信心」を、「可延定業書《かえんじょうごうしょ》」を拝《はい》して学《まな》んでいきましょう。

# 御文

（御書九八五ページ十四行目～九八六ページ四行目）

されば日蓮悲母《はは》をいのりて候《そうらい》しかば現身《げんしん》に病《やまい》をいや《治》すのみならず四箇年《かねん》の寿命《じゅみょう》をのべたり、今女人《にょにん》の御身《おんみ》として病を身にうけさせ給《たま》う・心みに法華経《ほけきょう》の信心を立てて御《ご》らむあるべし、しかも善医《ぜんい》あり中務三《なかつかささぶ》郎左衛門尉殿《ろうざえもんのじょうどの》は法華経の行者《ぎょうじゃ》なり、命《いのち》と申《もう》す物《もの》は一身《いっしん》第一の珍宝《ちんぽう》なり一日なりとも・これを延《のぶ》るならば千万両の金《こがね》にもすぎたり、法華経の一代の聖教《しょうきょう》に超過《ちょうか》していみじきと申すは寿量品《じゅりょうほん》のゆへ《故》ぞかし、閻浮《えんぶ》第一の太子《たいし》なれども短命《たんめい》なれば草《くさ》よりもかろし、日輪《にちりん》のごとくなる智者《ちしゃ》なれども夭死《わかじに》あれば生犬《いけるいぬ》に劣《おと》る、早く心ざしの財《たから》をかさねていそぎいそぎ御対治《ごたいじ》あるべし

## 現代語訳

（法華経《ほけきょう》を実践《じっせん》した者は、寿命《じゅみょう》をも延《の》ばすことができる、と示《しめ》されたうえで）ですから、日蓮は悲母《はは》のことを祈《いの》ったところ、生きているうちに病《やまい》を治《なお》しただけではなく四年の寿命を延ばしました。

あなたは今、女性の身《み》で病にかかっておられます。試《こころ》みに法華経の信心を奮《ふる》い起《お》こしてご覧《らん》なさい。しかも良い医者《いしゃ》がいます。その中務三郎左衛門尉殿《なかつかささぶろうざえもんのじょうどの》（四条金吾《しじょうきんご》）は法華経の行者《ぎょうじゃ》です。

命《いのち》というものは、この身のなかで一番貴重《きちょう》な宝《たから》です。

一日であっても命を延ばすならば、千万両もの莫大《ばくだい》な金《きん》にもまさるものです。法華経が、釈尊《しゃくそん》の生涯《しょうがい》に説《と》いたすべての教《おし》えのなかで、はるかに抜《ぬ》きん出《で》て、大変素晴《すば》らしいといわれるのは、寿量品《じゅりょうほん》があるからなのです。

世界一の王子であっても、短命《たんめい》であれば草《くさ》よりも軽《かる》い。太陽のように智慧《ちえ》の輝《かがや》いている人であっても、若くして死んでしまえば、生きている犬にも劣《おと》ります。
早く心の財《たから》を積《つ》み重《かさ》ねて、急《いそ》いで病《やまい》を治《なお》しなさい。

## 病身《びょうしん》の富木《とき》尼御前《あまごぜん》を励《はげ》ます

当時、富木尼御前は、重い症状《しょうじょう》の病気《びょうき》を患《わずら》っていたようです。子どもを抱《かか》えたまま富木常忍《じょうにん》と再婚《さいこん》したことで、目に見えない心労《しんろう》が積《つ》み重《かさ》なっていたのかもしれません。ともすると、この病《やまい》はもう治《なお》らないのではないか、などと弱気《よわき》になっていた面もあったようです。

しかし、大聖人《だいしょうにん》は、本抄《ほんしょう》で、どんなことがあっても、寿命《じゅみょう》を延《の》ばしていけるのが仏法の力《ちから》であると激励《げきれい》されています。

本抄の題号《だいごう》に「定業《じょうごう》」とあります。

「業」とは、身《み》や心や口《くち》（言葉《ことば》）による行《おこな》いのことです。それが原因《げんいん》となり、未来にさまざまな苦楽《くらく》の報《むく》いが、結果《けっか》として現《あらわ》れます。

その報《むく》いの内容《ないよう》や現《あらわ》れる時期《じき》が定《さだ》まっている業《ごう》を「定業《じょうごう》」、定まっていない業を「不定《ふじょう》業《ごう》」といいます。

たとえば、煩悩《ぼんのう》などの強い心の働《はたら》きや、習慣的《しゅうかんてき》に繰《く》り返《かえ》された悪《わる》い行《おこな》い、あるいは仏《ぶっ》・菩《ぼ》薩《さつ》や尊極《そんごく》なる妙法に背《そむ》く行いなどは、生命に強い影響力《えいきょうりょく》をもたらすので、定業が形成《けいせい》されるとされます。

通常《つうじょう》であれば、この重き定業の報いを受けることは避《さ》けられません。

しかし、業にも善《ぜん》と悪《あく》の両面があります。深《ふか》き信心を奮《ふる》い起《お》こして、強き祈《いの》りで自行化他《じぎょうけた》にわたる唱題《しょうだい》を日々《ひび》実践《じっせん》すれば、我《わ》が生命に、妙法に基《もと》づく善の影響が強く刻《きざ》まれるので、重き定業をも転《てん》じて、悪業を消滅《しょうめつ》させることも可能《かのう》なのです。

したがって、仮《かり》に、定業による死に至《いた》るような業病《ごうびょう》であっても、法華経《ほけきょう》の大良薬《だいりょうやく》によって定業を転換《てんかん》し、寿命《じゅみょう》を延《の》ばすことができるのです。

その意味で本抄《ほんしょう》では、定業を特に「寿命」の意味で用《もち》いられ、富木尼《ときあま》に対《たい》して、法華経の信心を奮い起こせば寿命を延ばすこともできると励《はげ》まされているのです。

大聖人《だいしょうにん》は、定業《じょうごう》を転《てん》じて寿命《じゅみょう》を延《の》ばした先例《せんれい》をいくつも挙《あ》げられながら、末法《まっぽう》に生きる女性が、法華経《ほけきょう》を行《ぎょう》じて定業を転ずることは、当然《とうぜん》のことなのです、と励《はげ》まされました。

そして今回の拝読範囲《はいどくはんい》の冒頭《ぼうとう》に、更《さら》に例として挙げられたのは、大聖人御自身《ごじしん》が病気平癒《びょうきへいゆ》を祈《いの》られた、お母さまのことです。

法華経に説《と》かれる「更賜寿命《きょうしじゅみょう》〈注5〉」の偉大《いだい》な実証《じっしょう》です。

大聖人は、叫《さけ》ばれるように、また、命《いのち》を揺《ゆ》さぶられるように、富木尼御前《ときあまごぜん》に呼《よ》びかけていかれます。

――私の母も、妙法の力《ちから》で病《やまい》を治《なお》し、四年の寿命を延ばしました。あなたも同じ女性の身《み》として、今こそ法華経への信心に立ち上がりなさい。名医《めいい》である法華経の行者《ぎょうじゃ》の四条金吾《しじょうきんご》〈注6〉もついております。「一日生きる」ことは無量《むりょう》の財宝《ざいほう》以上に価値《かち》があるのです。釈尊《しゃくそん》の教《おし》えの中で最《もっと》も法華経が尊《とうと》いのは、仏《ほとけ》の生命の永遠《えいえん》を説《と》いた寿量品《じゅりょうほん》があるからです。ゆえに短命《たんめい》であってはなりません。絶対《ぜったい》に若死《わかじ》にしてはなりません。早く信心の志《こころざし》を重《かさ》ねて、一日も早く病を治すのです――。

生きるのだ！　生きるのだ！　断《だん》じて生き抜《ぬ》くのだ！――と、あたかも苦悩《くのう》の泥沼《どろぬま》から尼御前《あまごぜん》をすくいあげてくださるような、烈々《れつれつ》たる大聖人《だいしょうにん》の師子吼《ししく》であられます。

## 永遠《えいえん》の生命を明《あ》かした寿量品《じゅりょうほん》

生命ほど尊《とうと》いものはありません。

大聖人は「命《いのち》と申《もう》す物《もの》は一身《いっしん》第一の珍宝《ちんぽう》なり」と仰《おお》せです。

本抄《ほんしょう》の最後の方《ほう》にも「命は三千にもすぎて候《そうろう》」とあります。

ここで大聖人が生命の尊さを強調《きょうちょう》されているのは、「一日でも長く、生き抜《いぬ》いていきなさい」と、尼御前の〝生きる意志《いし》〟を呼《よ》び起《お》こされるためと拝《はい》することができます。

生命はそれ自体《じたい》、限《かぎ》りなく尊い。一日でも生きるならば、その一日というのは、譬《たと》えて言えば「千万両の金《こがね》」「三千界《かい》の財《たから》」以上に、尊い価値《かち》を持つ。一日生きれば無量《むりょう》の価値がある。だからこそ、一日でも長く生き抜きなさいと励《はげ》まされています。

釈尊《しゃくそん》の教えの真髄《しんずい》である法華経《ほけきょう》の如来《にょらい》寿量品は、まさに生命の無限《むげん》の尊さを説《と》き明かしております。

この生命の尊厳《そんげん》を知ることこそが、仏法の真髄なのです。

ゆえに法華経《ほけきょう》を信ずる人は、尊厳《そんげん》なる生命を一日でも長く生き抜《いぬ》いていくことです。

如来寿量《にょらいじゅりょう》とは、「如来の寿命《じゅみょう》を量《はか》る」という意味です。

一切経《いっさいきょう》〈注7〉の中で寿量品《じゅりょうほん》だけが釈尊《しゃくそん》の永遠《えいえん》の寿命を説き明《とあ》かしています。

しかし、私たちを離《はな》れて釈尊一人《ひとり》だけが「永遠の生命」に生きていると説いているのではありません。

寿量品で説く「永遠の生命」は、私たちの生命でもあるのです。

「永遠の生命」「大《おお》いなる生命」を、私たちは皆、現実《げんじつ》の我《わ》が身《み》のうえに現《あらわ》すことができる。そのことを、久遠《くおん》の如来である釈尊の姿《すがた》で示《しめ》したのが寿量品です。

そして、万人《ばんにん》が事実《じじつ》として、永遠にして尊極《そんごく》なる生命を我が身に実現《じつげん》していけるように、大聖人《だいしょうにん》は南無妙法蓮華経を顕《あらわ》してくださったのです。

私たちの今世《こんぜ》は、仏法で説く永遠の生命を覚知《かくち》するための一生《いっしょう》です。

そして、永遠の生命に生き抜き、自他《じた》ともの永遠の幸福境涯《きょうがい》を築《きず》き上《あ》げていくための一生です。

戸田先生は、よく病気《びょうき》で悩《なや》む方に、こう答《こた》えられた。

「生死《しょうじ》を問《と》わず、永遠《えいえん》の生命の姿《すがた》において、幸《しあわ》せになるために信仰《しんこう》させたのであります」「病気《びょうき》は必《かなら》ず治《なお》る！」――それが戸田先生の大確信《だいかくしん》でした。

自行化他《じぎょうけた》の信心に励《はげ》めば、必ず、永遠の生命に連《つら》なる現証《げんしょう》が現《あらわ》れる。なんらかの形《かたち》で、生命が病魔《びょうま》を打《う》ち破《やぶ》る実証《じっしょう》がある。したがって、病気で心が揺《ゆ》れ動《うご》き、信心が決定《けつじょう》しない人がいれば、戸田先生はその姿勢《しせい》を厳《きび》しく正《ただ》された。

生命には「生《い》き抜《ぬ》く力《ちから》」があります。「治す力」がある。それを引き出す最高の「大良薬《だいりょうやく》」が妙法です。治すのは「自分自身」であり、治すと決めるのは自分の「信心」です。本抄《ほんしょう》では「心ざしの財《たから》」と仰《おお》せです。

病気を宿命転換《しゅくめいてんかん》の好機《こうき》と定《さだ》める。その強き一念《いちねん》が、一切《いっさい》の障魔《しょうま》を破り、幸福への軌道《きどう》を広げます。

病気を契機《けいき》に燃《も》え上《あ》がる信心の大確信は、あたかも大気圏《たいきけん》を突破《とっぱ》する宇宙船《うちゅうせん》のごとく、今世《こんぜ》だけでなく、三世《さんぜ》の生命を旅《たび》する最強のエンジンとなって、永遠の幸福を自在《じざい》に満喫《まんきつ》しゆくことができるのです。

## ためらわずに、早めの治療《ちりょう》を！

「いそぎいそぎ御《ご》対治《たいじ》あるべし」とあります。

一日の生命の尊《とうと》さがわかれば、治療を躊躇《ちゅうちょ》する理由《りゆう》はありません。治療を受けることをためらったために後悔《こうかい》することがあっては絶対《ぜったい》になりません。「早く治療しなさい」と、大聖人《だいしょうにん》が仰《おお》せであられる。仏法は、どこまでも道理なのです。

仏典《ぶってん》には「善《ぜん》をなすのを急《いそ》げ」「善をなすのにのろのろしたら、心は悪事《あくじ》をたのしむ」（『ブッダの真理のことば　感興のことば』中村元訳、岩波文庫）とあります。

「いそぎいそぎ」との大聖人の仰せからも、「一日も早く健康に！」そして「宿命転換《しゅくめいてんかん》のチャンスを逃《のが》すな！」との深《ふか》い御慈愛《ごじあい》が、胸《むね》に迫《せま》ってなりません。

## 御文

（御書九八六ページ四行目～十行目）

此《こ》れよりも申《もう》すべけれども人は申すによて吉事《よきこと》もあり又我《またわ》が志《こころざし》のうすきかと・をもう者もあり人の心しりがたき上先先《さきざき》に少少《しょうしょう》かかる事候《そうろう》、此の人は人の申せばすこ《少》そ心へずげに思う人なり、なかなか申すはあしかりぬべし、但《ただ》なか《中》うど《人》もなく・ひらなさけに又心もなくうち《打》たの《恃》ませ給《たま》え、去年《こぞ》の十月これに来《きた》りて候《そうら》いしが御所労《ごしょろう》の事をよくよくなげき申せしなり、当事大事《だいじ》のなければ・をどろかせ給わぬにや、明年正月二月のころをひは必《かなら》ずをこるべしと申せしかば・これにも・なげき入《い》つて候。

富木殿《ときどの》も此の尼《あま》ごぜんをこそ杖柱《つえはしら》とも恃《たの》みたるになんど申して候いし

なり随分《ずいぶん》にわび候《そうら》いしぞ・きわめて・まけ《不負》じたまし《魂》の人にて我《わ》がかたの事《こと》をば大事《だいじ》と申《もう》す人なり

## 現代語訳

私から四条金吾《しじょうきんご》殿《どの》に話してもよいけれども、人というものは、他人《たにん》が頼《たの》むことによって良い場合《ばあい》もあり、また、他人が頼むと、本人《ほんにん》の誠意《せいい》が足《た》りないのではと思う人もいます。人の心はわかりにくいうえ、以前に少々《しょうしょう》同じようなことがありました。

この人（四条金吾）は他の人から言われると、少々、こころよく思わない人です。かえって私から話すのは良くないでしょう。人を介《かい》さず一途《いちず》に真心《まごころ》で、また余計《よけい》な心配《しんぱい》をしないで頼んでいきなさい。

四条金吾殿《しじょうきんごどの》は去年《きょねん》の十月、身延《みのぶ》に来ましたが、あなたのご病気《びょうき》のことを大変心《しん》配《ぱい》して話していました。「今はたいしたこともないので、気づいておられないのでしょうが、明年一月、二月ごろには必《かなら》ず病《やまい》が起《お》こるでしょう」と言ったので、私も心配していたのです。

また、金吾殿は「富木常忍殿《ときじょうにん》もこの尼御前《あまごぜん》をこそ、杖《つえ》とも柱《はしら》とも頼《たの》みにしているのに」と言っていました。

非常《ひじょう》に心配していたのですよ。金吾殿は極《きわ》めて負《ま》けじ魂《だましい》の人で、自分の味方《みかた》（信心の同志《どうし》）のことを大事《だいじ》に思う人です。

## どこまでも弟子《でし》を思いやる師匠《ししょう》

医術《いじゅつ》に心得《こころえ》のある四条金吾《しじょうきんご》に治療《ちりょう》を受けるよう勧《すす》められ、その心構《こころがま》えと注意《ちゅうい》を、具体的《ぐたいてき》にアドバイスされた御文《ごもん》です。

四条金吾の人柄《ひとがら》を的確《てきかく》にとらえられ、だれかに仲介《ちゅうかい》してもらうのではなく、富木尼御前《ときあまごぜん》が直接《ちょくせつ》、四条金吾《しじょうきんご》に、誠意《せいい》を尽《つ》くして頼《たの》むよう助言《じょげん》されています。

もちろん、大聖人《だいしょうにん》が金吾に頼めば、金吾も断《ことわ》るはずはなかったでしょう。また尼御前《あまごぜん》の方《ほう》に、こうしたやりとりを苦手《にがて》に思う面があったのかもしれません。

すべてをご存《ぞん》じのうえで、大聖人は、二人《ふたり》の門下《もんか》の立場《たちば》を尊重《そんちょう》され、同志《どうし》と同志が互《たが》いに気持ちよく、真心《まごころ》で支《ささ》え合っていく和合《わごう》の在《あ》り方《かた》を教《おし》えられたと拝《はい》されます。

それにしても、尼御前が実際《じっさい》に治療《ちりょう》に踏《ふ》み出《だ》せるよう、「これほどまでに」と思われるほど、こまやかな配慮《はいりょ》を、大聖人はなされています。

そのお振《ふ》る舞《ま》いから、私たちはあらためて仏法指導者《しどうしゃ》の模範《もはん》の姿《すがた》を学《まな》びたい。

「一人《ひとり》の人」を、どこまでも大切《たいせつ》に！――その具体的《ぐたいてき》な行動《こうどう》なくして、万人《ばんにん》の幸福も、世界の平和もありえないからです。


「どんなことでもしてあげたい」

「一人の人」のことを、どこまで祈《いの》り、励《はげ》ましていけるか。

「一人の青年」の成長《せいちょう》のために、どこまで心を砕《くだ》き、道を開いていけるか。

だれが見ていようがいまいが、その戦いの中にしか、仏法はないのです。戸田先生は「人々がどう自立《じりつ》し、生命力強く生きっていけるか。宗教《しゅうきょう》は、その点に鋭《するど》く目を向けねばならない」と指導《しどう》された。

戸田先生の振《ふ》る舞《ま》いそのものが、この言葉《ことば》の通りでした。

入会間《ま》もない友が、悩《なや》みながらも、広宣流布《こうせんるふ》の人材《じんざい》として活躍《かつやく》できるようになるまで、親も及《およ》ばぬ真剣《しんけん》な薫陶《くんとう》を重《かさ》ねていかれた。

体の不調《ふちょう》で相談《そうだん》に来たある壮年には「それはビタミンの欠乏《けつぼう》だ。そのままにしていてはいけない。私の家のそばに、いい病院《びょういん》があるから、すぐ注射《ちゅうしゃ》しなさい。私も一緒《いっしょ》に行くから」といって、即座《そくざ》に手を打ってくださったことがあります。

また、ある学校の先生が、信心しているために不当《ふとう》な弾圧《だんあつ》を受け、転任《てんにん》させられそうになったと聞くや、先生は解決《かいけつ》のために、わざわざ出向《でむ》いていかれた。

しかも、寒《さむ》い冬の朝のことです。

「私は弟子《でし》を泣かせたくはないよ。私にできることは、どんなことでもしてあげたい」と、語《かた》られる先生でした。

「これにも・なげき入《い》つて候《そうろう》」（私も心配《しんぱい》していましたよ）――大聖人《だいしょうにん》が万感《ばんかん》を込《こ》められた温《あたた》かい一言《ひとこと》に、尼御前《あまごぜん》はどれほど感激《かんげき》し、奮《ふる》い立《た》ったことでしょう。

この大聖人のお心を受《う》け継《つ》いで、三代の師弟《してい》が全身全霊《ぜんしんぜんれい》で築《きず》いてきた、広宣流布《こうせんるふ》の麗《うるわ》し き同志《どうし》の世界が、創価学会です。

師の大恩《だいおん》に報《むく》いんとする弟子《でし》の戦いによって、この「人類《じんるい》の宝《たから》の連帯《れんたい》」は、世界へ未来へ、さらに大きく広がっていくにちがいありません。

## 御文

（御書九八六ページ十行目〜十五行目）

かへすがへす身《み》の財《たから》をだに・をしませ給《たま》わば此《こ》の病治《やまいいえ》がたかるべし、一日の命《いのち》は三千界《かい》の財にもすぎて候《そうろう》なり先《ま》ず御志《おんこころざし》をみみへさせ給うべし、法華経《ほけきょう》の第七の巻《まき》に三千大千世界の財を供養《くよう》するよりも手の一指《いっし》を焼《や》きて仏《ほとけ》・法華経に供養せよと・とかれて候はこれなり、命は三千にもすぎて候・而《しか》も齢《よわい》もいまだ・たけさせ給はず、而《しこう》して法華経にあわせ給いぬ一日もい《活》きてをはせば功徳《くどく》つもるべし、あらを《惜》しの命や、をしの命や、御《ご》姓名《せいめい》並《なら》びに御年《おんとし》を我《われ》とかかせ給いて・わざと・つかわせ大日月天《だいにちがってん》に申《もう》しあぐべし、いよどの《伊予殿》もあながちになげき候《そうら》へば日月天に自我偈《じがげ》をあて候はんずるなり

## 現代語訳

くれぐれも申《もう》し上《あ》げておきますが、身《み》の財《たから》（行動《こうどう》すること）を惜《お》しんでいては、この病《やまい》を治《なお》すのは難《むずか》しいでしょう。

一日の命《いのち》はこの宇宙《うちゅう》すべての財にもまさっているのです。

まず、志《こころざし》を身で示《しめ》していきなさい。法《ほ》華経《けきょう》の第七の巻《まき》に「この宇宙すべての財を供養《くよう》するよりも、手の指《ゆび》一本《ぽん》を焼《や》いて、仏《ほとけ》、法華経に供養しなさい」と、説《と》かれているのは、このことです。命は全宇宙にも超《こ》えて素晴《すば》らしいのです。

しかも、尼御前《あまごぜん》は、お年《とし》もまだそれほどとってはいらっしゃいません。

そのうえ、法華経に巡《めぐ》りあわれました。一日でも長く生きていらっしゃれば、それだけ功徳《くどく》も積《つ》もるでしょう。

ああ、惜しく、大切《たいせつ》な命です。

お名前とお年を自分でお書きになって、そのためのお使《つか》いを立ててよこしなさい。（法華経守護《ほけきょうしゅご》の諸天善神《しょてんぜんじん》である）大日天《だいにってん》・大月天《だいがってん》に申《もう》し上《あ》げましょう。伊予殿《いよどの》（富木尼《ときあま》の子。後《のち》の日頂《にっちょう》）も非常《ひじょう》に心配《しんぱい》しているので、きっと日天・月天に向かって自我偈《じがげ》を読《よ》んでいることでしょう。

## 「一日生きる」ことの尊《とうと》さ

「一日生きる」ことは、それ自体《じたい》、何ものにも代《か》え難《がた》い「光《ひかり》」であり、「価値《かち》」であり、「生命の歓喜《かんき》の讃歌《さんか》」です。それを奪《うば》うことは、宇宙《うちゅう》の根本《こんぽん》の法則《ほうそく》に背《そむ》く重罪《じゅうざい》です。

戸田先生は、「どんな理由《りゆう》があっても、絶対《ぜったい》に人を殺《ころ》してはならない」と厳《きび》しく戒《いまし》めておられました。

病気《びょうき》に対《たい》する姿勢《しせい》として、大事《だいじ》なことは「おそれず」「あなどらず」です。

病気になること自体は、決《けっ》して敗北《はいぼく》ではありません。

仏《ほとけ》も「少病少悩《しょうびょうしょうのう》〈注8〉」という通り、病気との戦いがあります。

大切《たいせつ》なことは、病気と戦う以前に、「心の次元《じげん》」で敗《やぶ》れてはならない、という点です。

病気《びょうき》に立ち向かっていく「戦う心」の源泉《げんせん》が信心です。ですから、先に拝《はい》したように、大《だい》聖人《しょうにん》は本抄《ほんしょう》で、まず「心ざしの財《たから》」を教《おし》えられているのです。

そのうえで、具体的《ぐたいてき》に治療《ちりょう》に励《はげ》むのは当然《とうぜん》です。「信心しているのだから何《なん》とかなるだろう」とか、「たいしたことない」と考《かんが》えるのは、誤《あやま》った信心の捉《とら》え方《かた》であり、自身の体への軽視《けいし》です。「いそぎいそぎ御対治《ごたいじ》」する行動《こうどう》が大事《だいじ》です。ゆえに、大聖人は「身《み》の財」すなわち行動することを惜《お》しんではいけないと厳《きび》しく戒《いまし》められています。

「病魔《びょうま》」「死魔」を打《う》ち破《やぶ》る根本《こんぽん》の力《ちから》が、妙法です。

「南無妙法蓮華経は師子吼《ししく》の如《ごと》し」（御書一一二四ページ）です。大事なのは、「戦う心」と「最高の治療」、そして「生命力」です。なかんずく、心を強めるのも、最高の治療を生かしていくのも、生命力をわきたたせるのも、唱題《しょうだい》が根幹《こんかん》です。

本抄でも、大聖人は、宇宙《うちゅう》よりも尊《とうと》いわが生命を使《つか》って、法華経《ほけきょう》を讃《たた》えるのだ、供養《くよう》するのだと仰《おお》せです。

本抄には「手の指《ゆび》をもって供養する」との趣旨《しゅし》の経文《きょうもん》を挙《あ》げられていますが、末法《まっぽう》の仏《ぶつ》道修行《どうしゅぎょう》にあっては、唱題する音声《おんじょう》、妙法を弘通《ぐつう》する真剣《しんけん》で誠実《せいじつ》な「声」と「行動」こそが、妙法に対《たい》する最大の〝身《み》の供養《くよう》〟となります。

ゆえに大聖人《だいしょうにん》は「一日もいき《活》てをはせば功徳《くどく》つもるべし、あらをし《惜》の命《いのち》や・をしの命や」と仰《おお》せなのです。

題目を唱《とな》え、広宣流布《こうせんるふ》に邁進《まいしん》する「一日」が、どれほど尊《とうと》いか。師《し》と心をあわせ、創価学会とともに、妙法の永遠《えいえん》の楽土《らくど》を築《きず》きゆく「一日」が、どれほど素晴《すば》らしいか。

病《やまい》との戦いは、その栄《は》えある真実《しんじつ》を如実《にょじつ》に見つめる機縁《きえん》ともなる。

「病によりて道心《どうしん》はをこり候《そうろう》なり」（御書一四八〇㌻）です。信心している人が病気《びょうき》になるのは必《かなら》ず深《ふか》い意味がある。永遠の生命を悟《さと》る一つの回路《かいろ》であるともいえる。

戸田先生も、よく「大病《たいびょう》を克服《こくふく》した人は深い人生の味を知っている」と言われた。また、そう決めきって、戦った人が「健康長寿《ちょうじゅ》の信心」の勝利者です。

あるドクター部の方が語《かた》っていました。唱題根本《しょうだいこんぽん》に病気と戦っている人は、必ずと言っていいほど、感謝《かんしゃ》があり笑顔《えがお》がある。その姿《すがた》は、間違《まちが》いなく病気を克服している勝利の姿である、と。

もちろん、病状《びょうじょう》は千差万別《せんさばんべつ》です。さまざまな経過《けいか》もある。寝《ね》たきりの場合《ばあい》もあるでしょう。しかし、唱題根本《しょうだいこんぽん》に戦っている人、あるいは戦ってきた人は、生命それ自体《じたい》が輝《かがや》いている。妙法に包《つつ》まれているがゆえに、何《なん》の心配《しんぱい》もないのです。三世《さんぜ》の永遠《えいえん》の福徳《ふくとく》が約束《やくそく》されていることは断《だん》じて間違《まちが》いありません。

## 二十一世紀を「生命の世紀」に！

さらに大聖人《だいしょうにん》は、富木尼御前《ときあまごぜん》が自《みずか》ら名前と年齢《ねんれい》を書いたものを掲《かか》げて、諸天《しょてん》に平癒《へいゆ》をお祈《いの》りしますと仰《おお》せです。

富木殿《どの》に宛《あ》てた別《べつ》の御書には、こうも記《しる》されている。

「尼ごぜんの御所労《ごしょろう》の御事我身《おんことわがみ》一身《いっしん》の上とをもひ候《そうら》へば昼夜《ちゅうや》に天に申《もう》し候《そうろう》なり」（御書九七八ジペー）――尼御前のご病気《びょうき》のことは、私の身の上のことと思っておりますので、昼《ひる》も夜《よる》も、尼御前の健康を諸天に祈っております――と。

大聖人は、門下《もんか》の苦悩《くのう》を「わが身の上のこと」として祈っておられました。

富木殿への他の御書に、「尼御前御寿命長遠《ごじゅみょうちょうおん》の由《よし》天に申し候ぞ」（御書九八七ジペー）ともあります。常《つね》に門下の健康長寿《ちょうじゅ》を祈り抜《ぬ》く――。これが師《し》の大慈《だいじ》大悲《だいひ》であられる。

そして、尼御前《あまごぜん》もまた、その師《し》のあまりにも深《ふか》い真心《まごころ》に何《なん》としても応《こた》えんと、御指導《ごしどう》の通りに、勇気ある信心を貫《つらぬ》いた。

その師弟《してい》の共戦《きょうせん》で、尼御前は、二十数年もの寿命《じゅみょう》を延《の》ばしています。まさに「定業《じょうごう》」を見事《みごと》に転換《てんかん》した「健康長寿《ちょうじゅ》」の勝利の姿《すがた》でありました。

大聖人《だいしょうにん》の御入滅後《ごにゅうめつご》も、尼御前は、後継《こうけい》であられる日興上人《にっこうしょうにん》〈注9〉のもとへ馳《は》せ参《さん》じ、その御指導を仰《あお》いで、生涯《しょうがい》を全《まっと》うしたと伝《つた》えられています。

私も、この大聖人のお心を拝《はい》し、病気《びょうき》の同志《どうし》、また、ご家族のことをうかがった際《さい》には、真剣《しんけん》に平癒《へいゆ》の御祈念《ごきねん》をさせていただいています。

そして、わが尊《とうと》き全同志のご健康とご長寿、無事故《むじこ》とご繁栄《はんえい》を、妻《つま》とともに、強く深く祈《いの》り続《つづ》けております。

二十一世紀を「生命の世紀」に！　そして「健康の世紀」「長寿の世紀」に！

その模範《もはん》と輝《かがや》く創価の「宝《たから》の中の宝」の同志が、かけがえのない「一日」「一日」を見事に生《い》き抜《ぬ》き、勝ち抜いて、無量無辺《むりょうむへん》の価値《かち》を創造《そうぞう》していかれますように！

それが、私と妻の毎日の、そして生涯、永遠《えいえん》にわたる、全生命を込《こ》めての祈りなのです。

## 注解

〈注1〉【可延定業書《かえんじょうごうしょ》】弘安《こうあん》二年（一二七九年）あるいは文永《ぶんえい》十二年（一二七五年）、日蓮大聖人が、身《み》延《のぶ》から富木尼御前《ときあまごぜん》に与えられたお手紙。

〈注2〉【富木尼御前《ときあまごぜん》】富木常忍《じょうにん》の妻。最初の夫を亡《な》くし遺児《いじ》を連れて富木常忍と再婚した。自身も病気をかかえながら富木常忍の母を最期《さいご》まで面倒を見、日蓮大聖人からも讃嘆《さんたん》されている。子どものうち二人《ふたり》は大聖人の弟子（日頂《にっちょう》・日澄《にっちょう》）として、活躍した。夫・富木常忍は、大聖人の立《りっ》宗《しゅう》直後からの門下《もんか》。下総国《しもうさのくに》の門下の中心者として活躍。「観心本尊抄《かんじんのほんぞんしょう》」をはじめ重書《じゅうしょ》を与えられる。

〈注3〉【原水爆禁止宣言《げんすいばくきんしせんげん》】戸田城聖《じょうせい》第二代会長が原水爆実験・使用の禁止を提言した宣言。昭和三十二年（一九五七年）九月八日、神奈川県横浜市にある三《み》ツ沢《ざわ》の競技場で開かれた創価学会青年部の体育大会の際、遺訓《いくん》として発表された。創価学会の平和運動の原点となっている。

〈注4〉法華経薬王菩薩本事品《ほけきょうやくおうぼさつほんじほん》第二十三の「若《も》し発心《ほっしん》して阿耨多羅三藐三菩提《あのくたらさんみゃくさんぼだい》を得《え》んと欲《ほっ》すること有《あ》らば、能《よ》く手の指、乃至《ないし》足の一指《いっし》を燃やして、仏塔《ぶっとう》に供養せよ。国城《こくじょう》・妻子、及《およ》び三千大千国土の山林《せんりん》・河池《がじ》、諸《もろもろ》の珍宝物《ちんぼうもつ》を以《もっ》て供養せん者に勝《まさ》らん」（法華経五九三ページ）等をふまえて、〝わずか一日の命であっても三千大千世界という広大な領域を埋め尽くす財宝にも勝る価値がある〟と述べられている。三千大千世界とは、古代インドの世界観で、須弥山《しゅみせん》を中心に、太陽、月、四洲などを包含《ほうがん》するものを小世界と称《しょう》し、それが一千集まったものを小千世界、小千世界が千集まったものを中千世界、そして更《さら》に千倍したものを、三千大千世界と呼ぶ。

〈注5〉【更賜寿命《きょうしじゅみょう》】法華経如来寿量品《ほけきょうにょらいじゅりょうほん》第十六の良医病子《りょういびょうし》の譬《たと》えの文。「更《さら》に寿命を賜《たま》え」と読《よ》み下《くだ》す。父である良医の留守中に毒薬を飲んで発症した子らが父の帰還《きかん》を喜び治療を求めて発《はっ》した言葉。父の良医はこれを聞いて良薬を作り子らに与えた。一切衆生《いっさいしゅじょう》の父である仏《ほとけ》が妙法を説いて与え、人々の苦悩を根源から解決することを譬えている。

〈注6〉【四条金吾《しじょうきんご》】日蓮大聖人御在世《ございせ》の信徒《しんと》の中心的人物の一人。四条中務三郎左衛門尉頼基《なかつかささぶろうざえもんのじょうよりもと》のこと。父の代から引き続いて、北条氏の一族、江間氏《えまし》に仕《つか》えた。武術に優《すぐ》れ、医術にも通達していた。文永《ぶんえい》八年（一二七一年）九月十二日の竜《たつ》の口《くち》の法難の際には大聖人の馬の口をとってお供《とも》をした。

〈注7〉【一切経《いっさいきょう》】仏教にかかわる経典を総称する語。一代蔵経《ぞうきょう》、大蔵経、蔵経ともいう。

〈注8〉【少病少悩《しょうびょうしょうのう》】法華経従地涌出品《ほけきょうじゅうじゆじゅっぽん》第十五の文。地涌《じゆ》の菩薩《ぼさつ》が仏《ほとけ》に向かって「世尊《せそん》、少病少悩にして、安楽に行じたもうや不《いな》や」（法華経四五五ページ）と問うたのに対して、仏が「諸《もろもろ》の善男子《ぜんなんし》、如来《にょらい》は安楽にして少病少悩なり」（法華経四五六ページ）と答えた言葉。

〈注9〉【日興上人《にっこうしょうにん》】日蓮大聖人の弟子で、師弟不二の実践をただ一人《ひとり》貫いた後継者。大聖人御入滅《ごにゅうめつ》の後、謗法《ほうぼう》に染まった他の高弟《こうてい》たちと決別し、富士に移り、正法を護持《ごじ》し、弘教《ぐきょう》を進展させるとともに弟子の養成に努《つと》めた。

（二〇〇七年十月号）

# 最蓮房《さいれんぼう》御返事《ごへんじ》

## 「師弟不二《していふに》」

### ――広宣流布《こうせんるふ》に戦い続《つづ》ける　師弟の絆《きずな》は三世《さんぜ》永遠《えいえん》

仏法の師弟の絆は、三世永遠です。

師も弟子《でし》も、「広宣流布」という本源《ほんげん》の願《ねが》いに生き抜《いぬ》いていくからです。この本源の願いこそが、仏《ほとけ》の大願《だいがん》であり、菩薩《ぼさつ》の利他行《りたぎょう》の原動力《げんどうりょく》となる。

仏法の師弟は、民衆《みんしゅう》を幸福にしゆく誓願《せいがん》に生き抜く、共戦《きょうせん》の同志《どうし》でもあるのです。

今回拝《はい》する「最蓮房御返事《さいれんぼうごへんじ》」では、流罪地《るざいち》・佐渡《さど》で巡《めぐ》り合《あ》った師と弟子が、過去無量劫《むりょうこう》以来の永遠の絆で結《むす》ばれていることを明《あ》かされています。

本抄《ほんしょう》は、文永《ぶんえい》九年（一二七二年）四月十三日の御執筆《ごしっぴつ》と伝《つた》えられています。

最蓮房は、天台《てんだい》の学僧《がくそう》で、なんらかの理由《りゆう》から、日蓮大聖人より先に佐渡に流《なが》されていました。そして大聖人にお会いし、この年《とし》の二月に大聖人に帰依《きえ》します。

幕府《ばくふ》に憎《にく》まれ、念仏者等《ねんぶつしゃとう》に狙《ねら》われている大聖人《だいしょうにん》に随順《ずいじゅん》することで、最蓮房《さいれんぼう》自身も難《なん》を受けたようです。本抄《ほんしょう》でも大聖人は、最蓮房に注意《ちゅうい》を呼《よ》び掛《か》けられています。

冒頭《ぼうとう》の一節《いっせつ》に、「夕《ゆう》ざりは相構《あいかま》え相構えて御入《おんい》り候《そうら》へ」（御書一三四〇㌻）とあります。最蓮房が夕方に大聖人のもとへ訪《たず》ねる時には、〝よくよく用心《ようじん》しなさい〟と心配《しんぱい》されているお心を拝《はい》することができます。

当時、大聖人は佐渡《さど》の塚原《つかはら》から一谷《いちのさわ》に移《うつ》られた直後《ちょくご》〈注1〉でしたが、大聖人の身《み》を預《あず》かる名主《みょうしゅ》は、「父母の敵《かたき》よりも宿世《すくせ》の敵よりも悪《にく》げにありし」（御書一三二八㌻）とあるように、当初《とうしょ》は大聖人に対《たい》して強い憎しみをもっていたようです。

また、大聖人のお命《いのち》を狙う者も絶《た》えなかった〈注2〉。最蓮房は、そうした難を受けかねない状況下《じょうきょうか》にあるにもかかわらず、どこまでも大聖人を求《もと》め抜《ぬ》いていきます。

真実《しんじつ》の師《し》に出会い、その教《おし》えを求めることができる——最蓮房は、その喜《よろこ》びを知っていた。だからこそ、いかなる苦難《くなん》にも耐《た》え抜くことができたのです。

風雪《ふうせつ》にさらされ、明日《あす》の命をも知れぬ流刑《るけい》の地。

そこで厳然《げんぜん》と破邪顕正《はじゃけんせい》の闘争《とうそう》を貫《つらぬ》かれる大聖人のお姿《すがた》に触《ふ》れて、弟子《でし》として生き抜く歓《かん》喜《き》がいやまして高まっていったのではないでしょうか。

阿仏房《あぶつぼう》・千日尼夫妻《せんにちあまふさい》〈注3〉、国府入道夫妻《こうにゅうどう》〈注4〉ら、佐渡《さど》で入信した門下《もんか》たちも同じ心でした。

世俗的《せぞくてき》に考《かんが》えれば、幕府《ばくふ》に睨《にら》まれ、念仏者《ねんぶつしゃ》たちに狙《ねら》われている大聖人《だいしょうにん》に近づかないほうが身《み》のためです。

しかし、偉大《いだい》な師《し》に巡《めぐ》り合《あ》い、共《とも》に戦える喜《よろこ》びが、難《なん》への恐《おそ》れなど吹《ふ》き飛《と》ばしていった。佐渡の門下たちは、師とともに難を越《こ》えていくなかで、仏法の師弟《してい》に生《い》き抜《ぬ》くこと以上の深《ふか》い人生は他にないことを、生命の奥底《おうてい》で覚知《かくち》していくのです。

日蓮大聖人の魂《たましい》の偉大さ、境涯《きょうがい》の広大《こうだい》さ、そして、人格《じんかく》の奥深《おくぶか》さに直接《ちょくせつ》に触《ふ》れて、この真実《しんじつ》の正義《せいぎ》の大師匠《だいししょう》をお護《まも》りすることに喜びを感じていったのでありましょう。

大難を勝ち越えて法を体現《たいげん》された師の説《と》く通りに実践《じっせん》してこそ、真《しん》の仏力《ぶつりき》・法力《ほうりき》〈注5〉を我《わ》が身《み》に実感《じっかん》できる——この人生の無上《むじょう》の宝《たから》を知った弟子《でし》たちが、流刑《るけい》の地・佐渡に出《しゅつ》現《げん》したのでした。

今回は、「最蓮房御返事《さいれんぼうごへんじ》」を拝《はい》し、師弟不二《ふに》の精神《せいしん》を学《まな》んでいきましょう。

## 御文

（御書一三四〇ジペー五行目〜十一行目）

御状《ごじょう》に云《いわ》く去《さ》る二月の始《はじめ》より御弟子《みでし》となり帰伏仕《きぶくつかまつ》り候上《そうろう》は・自今《じこん》以後は人数《ひとかず》ならず候とも御弟子の一分《いちぶん》と思《おぼ》し食《め》され候《そうら》はば恐悦《きょうえつ》に相存《あいぞん》ず可《べ》く候云云《うんぬん》、経《きょう》の文《もん》には「在在諸仏《ざいざいしょぶつ》の土《ど》に常《つね》に師《し》と倶《とも》に生《うま》れん」とも或《あるい》は「若《も》し法師《ほっし》に親近《しんごん》せば速《すみや》かに菩薩《ぼさつ》の道《どう》を得《え》ん是《こ》の師に随順《ずいじゅん》して学《がく》せば恒沙《ごうじゃ》の仏《ほとけ》を見たてまつることを得ん」とも云《い》へり、釈《しゃく》には「本此《もとこ》の仏に従《したが》つて初《はじ》めて道心《どうしん》を発《おこ》し亦《また》此の仏に従つて不退地《ふたいち》に住《じゅう》せん」とも、或は云く「初《はじめ》此の仏菩薩に従つて結縁《けつえん》し還《かえ》つて此の仏菩薩に於《おい》て成就《じょうじゅ》す」とも云えり、此の経釈を案《あん》ずるに過去無量劫《むりょうこう》より已来《このかた》師弟《してい》の契約《けいやく》有《あ》りしか、我等《われら》末法濁世《まっぽうじょくせ》に於て生《しょう》を南閻浮提《なんえんぶだい》大日本国にうけ・

忝《かたじけな》くも諸仏出世《しょぶつしゅっせ》の本懐《ほんかい》たる南無妙法蓮華経を口《くち》に唱《とな》へ心に信じ身《み》に持《たも》ち手に翫《もてあそ》ぶ事《こと》・是《こ》れ偏《ひとえ》に過去の宿習《しゅくじゅう》なるか

## 現代語訳

あなたからのお手紙には、「去《さ》る二月の初《はじ》めから弟子《でし》となり帰伏《きぶく》しましたうえは、今から後《のち》は、他の方々《かたがた》ほどではなくても、私を弟子の一分《いちぶん》としてお思いくだされば大きな喜《よろこ》びに存《ぞん》じます」とありました。

法華経《ほけきょう》には「いたるところの諸仏の国土《こくど》に、常《つね》に師《し》とともに生まれる」（化城喩品《けじょうゆほん》第七）とも、あるいは「もし法華経の法師《ほっし》に親《した》しく交《まじ》わるならば、速《すみ》やかに菩薩《ぼさつ》の道を得《え》るであろう。この師にしたがって学《まな》ぶならば無数《むすう》の仏《ほとけ》を拝見《はいけん》することができるであろう」（法師品《ほっしほん》第十）とも説《と》いている。

この法華経《ほけきよう》を解釈《かいしやく》した書《しよ》にも、「もと、この仏《ほとけ》に従《したが》って初《はじ》めて仏道《ぶつどう》を求《もと》める心を起《お》こし、またこの仏に従って不退《ふたい》の境地《きようち》に住《じゆう》するであろう」（『法華玄義《ほつけげんぎ》』）とも、あるいは「初めこの仏菩薩《ぶつぼさつ》に従って結縁《けつえん》し、最後は、この仏菩薩のもとで仏道を成就《じようじゆ》する」（『法華文句記《もんぐき》』）とも言っている。

この経や釈を考《かん》がえてみると、過去世《かこせ》の計《はか》り知《し》れない無量《むりよう》の昔から今日《こんにち》に至《いた》るまで、師弟《してい》の約束《やくそく》があったのであろうか。

私たちが末法濁世《まつぽうじよくせ》において、生《せい》を南閻浮提《なんえんぶだい》（全世界）の中の大日本国に受け、ありがたくも諸仏出世《しよぶつしゆつせ》の本懐《ほんかい》である南無妙法蓮華経を口《くち》に唱《とな》え、心に信じ、身《み》につけ、手に大切《たいせつ》に持つことができたのは、ひとえに過去の宿習《しゆくじゆう》であろうか。

## 「弟子《でし》の道」にこそ人生の真髄《しんずい》が

最蓮房《さいれんぼう》は、どこまでも誠実《せいじつ》な求道者《きゆうどうしや》でした。「人数《ひとかず》ならず候《そうろう》とも御弟子《みでし》の一分《いちぶん》と思《おぼ》し食《め》され候《そうら》はば恐悦《きようえつ》に相存《あいぞん》ず可《べ》く候」――〝弟子の一分に加《くわ》えていただければ、それ以上の喜《よろこ》びはありません〟と、どこまでも「弟子《でし》の道」を貫《つらぬ》く姿勢《しせい》にあふれています。

弟子の道とは「求道《きゅうどう》と報恩《ほうおん》を貫く大道《だいどう》」です。

弟子の道に生き切ることこそが、仏法が教《おし》える「人生の真髄《しんずい》」です。そして、弟子の道に外《はず》れたところに、「慢心《まんしん》と忘恩《ぼうおん》の邪道《じゃどう》」への転落《てんらく》があります。

戸田先生は、戦前の創価教育学会〈注6〉総会で、牧口先生の前で次のように講演《こうえん》されました。

「日興上人《にっこうしょうにん》〈注7〉は、日蓮大聖人様をしのごうなどとのお考《かんが》えは、毫《ごう》もあらせられぬ。われわれも、ただ牧口先生の教えをすなおに守り、すなおに実行《じっこう》し、われわれの生活のなかに顕現《けんげん》しなければならない。（中略）

弟子は弟子の道を守らねばならぬ。ことばも、実行も、先生の教えを、身《み》に顕現しなければならない」（『戸田城聖全集 3』）

仏法の師匠《ししょう》とは、いわば究極《きゅうきょく》の人生の「規範《きはん》」です。正《ただ》しき師匠を信ずるということは、師匠の言う通りに実践《じっせん》することです。その時に、人間は自身の境涯《きょうがい》の壁《かべ》を突《つ》き抜《ぬ》け、偉大《いだい》な人生を歩《あゆ》むことが可能《かのう》になるのです。

いかなる分野《ぶんや》であれ、一流《いちりゅう》の人には、何《なん》らかの形《かたち》で、その人の規範《きはん》となった師匠《ししょう》がいるものです。必《かなら》ず弟子《でし》としての軌道《きどう》を歩《あゆ》みぬいているものです。

また、師匠とは、どこまでも弟子の大成《たいせい》を願《ねが》う存在《そんざい》です。弟子が可愛《かわい》くない師匠はいません。師は自身の命《いのち》を削《けず》るようにして、自分の持てる一切《いっさい》を弟子に授《さず》けるものです。

師弟《してい》とは、最高に麗《うるわ》しい心の世界であり、崇高《すうこう》な精神《せいしん》の絆《きずな》なのです。

## 師弟の宿縁深厚《しゅくえんじんこう》――「在在諸仏土常与師倶生《ざいざいしょぶつどじょうよしくしょう》」

最蓮房《さいれんぼう》が、弟子となった喜《よろこ》びをお伝《つた》えしたことに応《こた》えて大聖人《だいしょうにん》は、法華経化城喩品《ほけきょうけじょうゆほん》第七の一節《いっせつ》を引かれ、「師弟の深《ふか》き契《ちぎ》り」について語《かた》られていきます。
「在在《いたるところ》の諸仏の土に　常《つね》に師と倶《とも》に生ず」（法華経三一七ジペー）
法華経において、釈尊《しゃくそん》の声聞《しょうもん》の弟子たちについて、師弟の絆《きずな》は今世《こんぜ》だけでなく三千塵点《じんてん》劫《こう》〈注8〉というはるかな昔からの因縁《いんねん》（絆）〈注9〉であることを明《あ》かした一節です。
弟子たちは、釈尊を師匠として、あらゆる仏国土《ぶっこくど》にあって、いつも、師と共《とも》に生まれ、いつも共《とも》に菩薩《ぼさつ》の実践《じつせん》をしたことが示《しめ》されています。

釈尊《しやくそん》の声聞《しようもん》の弟子《でし》たちは、外見上《がいけんじよう》の姿《すがた》は声聞の身《み》であっても、実《じつ》は、過去世《かこせ》以来、師《し》と共に菩薩の修行《しゆぎよう》を積《つ》み重《かさ》ねてきたことを〝思い出し〟歓喜《かんき》していくのです。

「自他《じた》ともの幸福」――人間として最《もつと》も深《ふか》い誓願《せいがん》に立ち、師弟一体《していいつたい》で、はるかな過去世から未来永遠《えいえん》に生《い》き抜《ぬ》いていく。これ以上の崇高《すうこう》な人生はありません。

続《つづ》く法師品《ほつしほん》の一節《いつせつ》でも、師に随順《ずいじゆん》して修行していくことが、恒沙《ごうしや》〈注10〉の仏《ほとけ》を見たてまつる道である、すなわち永遠の幸福の軌道《きどう》にほかならないことを教《おし》えています。

また、天台大師《てんだいだいし》〈注11〉や妙楽大師《みようらくだいし》〈注12〉の言葉《ことば》も、仏道《ぶつどう》を成就《じようじゆ》するには決《けつ》して師弟の絆《きずな》を見失《みうしな》ってはいけないことを示しています〈注13〉。

これらの経《きよう》・釈《しやく》を受けて、大聖人《だいしようにん》は最蓮房《さいれんぼう》に「過去無量劫《むりようこう》より已来《このかた》師弟の契約《けいやく》有《あ》りしか」と語《かた》りかけられ、大聖人と最蓮房が宿縁深厚《しゆくえんじんこう》なる師弟の絆に結《むす》ばれていることを示されています。仏法の師弟は三世《さんぜ》の約束《やくそく》です。

続《つづ》けて大聖人は、「我等《われら》末法濁世《まつぽうじよくせ》に於《おい》て」と仰《おお》せです。「我等」とは、「大聖人と最蓮房」です。そして「大聖人と私たち」です。末法濁世という最も濁《にご》り、混乱《こんらん》した時代であるからこそ、いかなる人も生命の奥底《おうてい》では、希望の大法《だいほう》を求《もと》めています。

末法《まっぽう》は、その意味で、人々を生命の根源《こんげん》から救《すく》う根本法《こんぽんほう》が流布《るふ》すべき時代です。

この広宣《こうせん》流布の時に、師《し》と共《とも》に生まれ合わせ、同じ世界で、仏法の究極《きゅうきょく》であり、諸仏《しょぶつ》の出世《しゅつせ》の本懐《ほんかい》〈注14〉である南無妙法蓮華経を唱《とな》え、弘《ひろ》めるのが、日蓮仏法における師弟《してい》です。

なんと崇高《すうこう》で、なんと輝《かがや》かしい、生命と生命の約束《やくそく》でしょうか。

また、久遠《くおん》以来の「過去の宿習《しゅくじゅう》」による今世《こんぜ》の妙法弘通《ぐつう》の人生です。なんと深《ふか》く、なんと強固《きょうこ》な、生命と生命の絆《きずな》でしょうか。

師弟の約束に断固《だんこ》、生《い》き抜《ぬ》け！　広宣流布に共に進もう！

師弟の「久遠の約束」を果《は》たし抜くならば、永遠《えいえん》に妙法とともに、永遠に「地涌《じゆ》の菩薩《ぼさつ》〈注15〉」として、大《おお》いなる境涯《きょうがい》と使命《しめい》の軌道《きどう》を「勝利！　勝利！」と闊歩《かっぽ》していけることは間違《まちが》いありません。

## 御文

（御書一三四〇ページ十二行目～一三四一ページ一行目）

予《よ》日本の体《てい》を見るに第六天の魔王《まおう》智者《ちしゃ》の身《み》に入《い》りて正師《しょうし》を邪師《じゃし》となし善師《ぜんし》を悪師《あくし》となす、経《きょう》に「悪鬼入其身《あっきにゅうごしん》」とは是《これ》なり、日蓮智者に非《あら》ずと雖《いえど》も第六天の魔王・我《わ》が身に入らんとするに兼《かね》ての用心深《ようじんふか》ければ身によせつけず、故《ゆえ》に天魔力及《てんまちからおよ》ばずして・王臣《おうしん》を始《はじめ》として良観《りょうかん》等《ら》の愚《ぐ》癡《ち》の法師《ほっし》原《ばら》に取《と》り付《つ》いて日蓮をあだむなり、然《しか》るに今時《いまどき》は師に於《おい》て正師・邪師・善師・悪師の不同《ふどう》ある事《こと》を知つて邪悪《じゃあく》の師を遠離《おんり》し正善《しょうぜん》の師に親近《しんごん》すべきなり、設《たと》い徳《とく》は四海《しかい》に斉《あまね》く智慧《ちえ》は日月《にちがつ》に同《おなじ》くとも法華《ほけ》経《きょう》を誹謗《ひぼう》するの師をば悪師邪師と知つて是に親近すべからざる者なり

## 現代語訳

私が日本の有《あ》り様《さま》を見ると、第六天の魔王《まおう》が智者《ちしゃ》の身《み》に入《はい》って正師《しょうし》を邪師《じゃし》となし、善師《ぜんし》を悪師《あくし》となしている。

法華経《ほけきょう》に「悪鬼其《あっきそ》の身に入《い》る」と説《と》かれているのは、このことである。

日蓮は智者ではないけれども、第六天の魔王が、私の身に入ろうとしても、かねてからの用心《ようじん》が深《ふか》いので身に寄《よ》せつけない。

ゆえに天魔《てんま》は力及《ちからおよ》ばずに、今度は、王や臣下《しんか》をはじめとして良観《りょうかん》等の愚《おろ》かな法《ほっ》師《し》どもに取りついて、日蓮に敵対《てきたい》するのである。

したがって、今の時代は、師匠《ししょう》には正師と邪師、善師と悪師の違《ちが》いがあることを知って、邪悪《じゃあく》の師を遠《とお》ざけ、正善《しょうぜん》の師に近づくべきである。

たとえ徳《とく》は全世界に行きわたり、智慧《ちえ》は日月《にちがつ》のように輝《かがや》いていたとしても、法《ほ》華経《けきょう》を誹謗《ひぼう》する師《し》についていては、悪師《あくし》であり邪師《じゃし》であると知って、これに近づくべきではない。

## 第六天の魔王《まおう》に勝ってこそ真の善師《ぜんし》

誤《あやま》った指導者《しどうしゃ》につくほどの不幸《ふこう》はありません。

師匠《ししょう》には「正師《しょうし》」と「邪師《じゃし》」、あるいは「善師」と「悪師《あくし》」があり、それを見極《みきわ》めていかなければならないと、大聖人《だいしょうにん》は仰《おお》せです。

ここで大聖人が強調《きょうちょう》されているのは、悪縁《あくえん》・悪知識《ちしき》の恐《おそ》ろしさです。

悪縁によって、生命の根本的迷《こんぽんてきまよ》いである無明《むみょう》が発動《はつどう》すると、私たちの貪瞋癡《とんじんち》〈注16〉の生命が強くなり、正《ただ》しき価値判断《かちはんだん》が曇《くも》り、生命は迷《まよ》いと悪と不幸《ふこう》の流転《るてん》を始めます。

本抄《ほんしょう》では、悪人に近づき親《した》しめば、自然《しぜん》に十度のうち二度、三度とその教《おし》えに従《したが》ってしまい、ついには悪人になってしまう、とも誡《いまし》められています〈注17〉。

それほど、邪師・悪師は巧妙《こうみょう》で、恐ろしいのです。だからこそ、正師・善師と共《とも》に、断《だん》固《こ》として「悪《あく》と戦う」実践《じっせん》が成仏《じょうぶつ》への不可欠《ふかけつ》の実践となるのです。

悪縁《あくえん》・悪知識《ちしき》の最《さい》たるものが邪師《じゃし》・悪師《あくし》です。仏法の中にありながら、仏法を破壊《はかい》し、民衆《みんしゅう》を不幸《ふこう》にしていく師子身中《ししんちゅう》の虫《むし》〈注18〉だからです。

大聖人《だいしょうにん》は、邪師・悪師が存在《そんざい》するのは「悪鬼入其《あっきにゅうご》身《しん》〈注19〉」のゆえであると仰《おお》せです。すなわち、第六天の魔王《まおう》〈注20〉が悪師の身《み》に入《はい》り、狂《くる》わせるのです。

第六天の魔王が身に入るとは、自身の元品《がんぽん》の無明《むみょう》が発動《はつどう》することにほかなりません。元品の無明とは、正法《しょうほう》への根源的《こんげんてき》な無知《むち》であり、不信《ふしん》です。大聖人の時代でいえば極楽《ごくらく》寺良観《じりょうかん》〈注21〉です。

この無明が発動するのは、邪法《じゃほう》に執着《しゅうちゃく》し、名聞名利《みょうもんみょうり》に囚《とら》われるゆえに、信が曇《くも》り、行《ぎょう》が弱《よわ》まり、仏力《ぶつりき》・法力《ほうりき》が感じられなくなるからです。

本抄《ほんしょう》では、悪鬼入其身の原理《げんり》から、第六天の魔王は、智者《ちしゃ》であろうとも、その身に入ると教《おし》えられています。そして、第六天の魔王は、大聖人の御身《おんみ》にまで入ろうとした、とも述《の》べられています。

これは、大宇宙《だいうちゅう》に瀰漫《びまん》する魔性《ましょう》を決《けっ》して侮《あなど》ってはならないことを教えられていると拝《はい》されます。

しかし、大聖人《だいしょうにん》は「兼《かね》ての用心深《ようじんふか》ければ身《み》によせつけず、故《ゆえ》に天魔力及《てんまちからおよ》ばず」と仰《おお》せのように、第六天の魔王《まおう》をよせつけられませんでした。「兼ての用心」とは、障魔《しょうま》を覚悟《かくご》し、必《かなら》ず勝ち越《こ》えていこうとの誓願《せいがん》を立てられ、貫《つらぬ》いてこられたということです。

決定《けつじょう》した一念《いちねん》があれば、必ず魔を破《やぶ》ることができることを教《おし》えられているのです。

## 「正善《しょうぜん》の師《し》」の要件《ようけん》とは

では「正善の師」とは誰《だれ》か。「正善の師」たる要件とは何か。

大聖人の基準《きじゅん》は明快《めいかい》であられる。

それは三類《さんるい》の強敵《ごうてき》〈注22〉と戦い、身命《しんみょう》を惜《お》しまず妙法を唱《とな》え、弘《ひろ》めている人です。民《みん》衆《しゅう》を守るために悪《あく》と戦っていける人こそ、正《ただ》しき師匠《ししょう》です。

大聖人は本抄《ほんしょう》で、結局《けつきょく》、第六天の魔王を打《う》ち破《やぶ》っていけるかどうかが、善師《ぜんし》と悪師《あくし》を分ける決定的《けっていてき》な基準《きじゅん》であることを明《あ》かされています。

自《みずか》ら魔を下《くだ》し、魔と戦う生き方を示《しめ》すのが仏法の師匠です。

魔性《ましょう》を自《みずか》ら打《う》ち破《やぶ》るとともに、障魔《しょうま》を勝ち越《こ》えていく道を万人《ばんにん》に教《おし》え、伝《つた》えていく人こそが、真《しん》の仏法上の「師匠《ししょう》」の存在《そんざい》です。

反対《はんたい》に、表面的《ひょうめんてき》には、いかに徳《とく》や智慧《ちえ》があるように見えても、容易《ようい》に魔の軍門《ぐんもん》に下《くだ》る者たちは、結局《けっきょく》、正法《しょうほう》を誹謗《ひぼう》し、法華経《ほけきょう》の行者《ぎょうじゃ》に敵対《てきたい》して、仏法を破壊《はかい》してしまう。

大聖人《だいしょうにん》は「難《なん》を受けていない格好《かっこう》だけの者は、ことごとく邪《よこしま》な師である。難を受け切ってきた日蓮こそが正義《せいぎ》の師である」（御書一三四二ジペー、趣意）と厳然《げんぜん》と宣言《せんげん》されています。

障魔を勝ち越えて、我《わ》が身《み》に「法」を体現《たいげん》するからこそ、我が身の振《ふ》る舞《ま》いを通して「民衆《みんしゅう》」と「法」を直結《ちょっけつ》させる「正善《しょうぜん》の師」たりうるのです。

所持《しょじ》する法の正《ただ》しさにおいて「正師《しょうし》」であり、民衆に法を伝え、抜苦与楽《ばっくよらく》〈注23〉の善を与《あた》える慈悲《じひ》において「善師《ぜんし》」であるとも言えるでしょう。

ここで本抄《ほんしょう》に拝《はい》することのできる「正善の師」の要件《ようけん》として、次の三点を確認《かくにん》しておきたい。

第一に、人間の根本悪《こんぽんあく》である魔性を見破り、根本善である妙法を説《と》きあらわす「智慧の人」であること。

第二に、決《けっ》して魔性《ましょう》に誑《たぶら》かされることなく仏法の正義《せいぎ》に生き続《つづ》け、悪《あく》とは敢然《かんぜん》と戦い続ける「勇気の人」であること。

第三に、民衆《みんしゅう》への抜苦与楽《ばっくよらく》を常《つね》に配慮《はいりょ》し、自他共《じたとも》の幸福を実現《じつげん》するために行動《こうどう》し続ける「慈悲《じひ》の人」であること。

この正師《しょうし》・善師《ぜんし》を知り、巡《めぐ》り合《あ》ったならば、あとは弟子《でし》として、なすべきことはただ一点です。

正善《しょうぜん》の師とともに立ち上がって、真剣《しんけん》に、広宣流布《こうせんるふ》のために貢献《こうけん》していくことです。また、広布を妨《さまた》げる悪とは敢然と戦い続けていくことです。

大聖人《だいしょうにん》が最蓮房《さいれんぼう》にあてられた御書を拝《はい》すれば、ともに広宣流布に戦おうと呼《よ》びかけておられる一節《いっせつ》が多いことに気付《きづ》きます。

弟子が師の呼びかけのとおりに広宣流布に立ち上がり、生命の勝利を勝ち取っていけば、師弟《してい》は不二《ふに》となります。師弟の生命は共鳴《きょうめい》し合い、弟子の生命にも仏力《ぶつりき》・法力《ほうりき》が脈動《みゃくどう》するのです。

師と共に戦う広布共戦《きょうせん》の師弟の道以外に成仏《じょうぶつ》の道はありません。

## 御文

（御書一三四三ジペー五行目〜十行目）

大事《だいじ》の法門《ほうもん》をば昼夜《ちゅうや》に沙汰《さた》し成仏《じょうぶつ》の理《ことわり》をば時時《じじ》・刻刻《こっこく》にあぢはう、是《か》くの如《ごと》く過《す》ぎ行《ゆ》き候《そうら》へば年月を送《おく》れども久《ひさし》からず過ぐる時刻《じこく》も程《ほど》あらず、例《れい》せば釈迦《しゃか》・多宝《たほう》の二仏《ぶつ》・塔中《たっちゅう》に並座《びょうざ》して法華《ほっけ》の妙理《みょうり》をうなずき合い給《たま》いし時・五十小劫《しょうこう》・仏《ほとけ》の神力《じんりき》の故《ゆえ》に諸《もろもろ》の大衆《たいしゅう》をして半日《はんにち》の如しと謂《おも》わしむと云《い》いしが如くなり、劫初《こっしょ》より以来《このかた》父母・主君等《しゅくんとう》の御勘《ごかん》気《き》を蒙《こうむ》り遠国《おんごく》の島《しま》に流罪《るざい》せらるるの人我等《われら》が如く悦《よろこ》び身《み》に余《あま》りたる者よも・あらじ、されば我等が居住《きょじゅう》して一乗《じょう》を修行《しゅぎょう》せんの処《ところ》は何《いず》れの処にても候へ常寂光《じょうじゃっこう》の都為《みやこた》るべし、我等が弟子《でし》檀那《だんな》とならん人は一歩《ぽ》を行かずして天竺《てんじく》の霊山《りょうぜん》を見・本有《ほんぬ》の寂光土《じゃっこうど》へ昼夜に往復《おうふく》し給ふ事《こと》うれ

しとも申《もう》す計《ばか》り無《な》し申す計り無し

## 現代語訳

大事《だいじ》な法門《ほうもん》を昼夜《ちゅうや》に思索《しさく》し、成仏《じょうぶつ》の理《ことわり》を時々刻々《じじこっこく》に味わっている。このように時が過《す》ぎゆくので、年月を送《おく》っても長く感じず、過ぎた時間も、それほど経《た》っているように思えない。

例《たと》えば釈迦《しゃか》・多宝《たほう》の二仏《ぶつ》が多宝塔《とう》の中に並《なら》んで座《すわ》り、法華経《ほけきょう》の妙理《みょうり》をうなずきあったとき、五十小劫《しょうこう》という長遠《ちょうおん》の時間が経っていたにもかかわらず、仏《ほとけ》の神力《じんりき》によって、説法《せっぽう》の場《ば》に連《つら》なった多くの人々に対《たい》して、半日《はんにち》の出来事《できごと》のように思わせた、と法華経に説《と》かれているようなものである。

この世界の初《はじ》め以来、父母・主君等《しゅくんとう》から迫害《はくがい》を受け、遠国《おんごく》の島《しま》に流罪《るざい》された人で、私たちのように喜《よろこ》びが身《み》にあふれている者は、よもや、いないであろう。

それゆえ私たちが住《す》んで法華経《ほけきよう》を修行《しゆぎよう》する所は、いずれの地であっても常寂《じようじやっ》光《こう》の都《みやこ》となるであろう。私たちの弟子《でし》檀那《だんな》となる人は、一歩《ぽ》と歩《あゆ》まないうちにインドにある霊鷲山《りようじゆせん》を見、本有《ほんぬ》の寂光土《じやっこうど》へ昼に夜に往復《おうふく》できるということは、言いようがないほどうれしいことである。

## 師弟不二《していふに》の大歓喜《だいかんき》

ここで「成仏《じようぶつ》の理《ことわり》を時々《じじ》刻々《こっこく》に味わう」と仰《おお》せです。正善《しようぜん》の師に随順《ずいじゆん》し、正善の師が説《と》く通りに実践《じっせん》するとき、師弟の生命は合致《がっち》します。法と一体《いったい》の師の生命における大歓喜は、弟子《でし》の生命の躍動《やくどう》となって涌現《ゆげん》します。弟子にとって、正善の師に随順して妙法弘通《ぐつう》に戦う以上の歓喜はありません。その歓喜は、元品《がんぽん》の無明《むみよう》をも打《う》ち破《やぶ》る仏界《ぶっかい》の歓喜です。いかなる苦境《くきよう》をも打ち返す歓喜の中の大歓喜です。

ゆえに大聖人《だいしょうにん》は本抄《ほんしょう》で、「あらたのもしや・たのもしや」（御書一三四三ジベー）と言われ、「我等《われら》は流人《るにん》なれども身心共《しんしんとも》にうれしく候《そうろう》なり」（同）とも仰《おお》せられています。大難《だいなん》の中であっても、歓喜《かんき》の自受法楽《じじゅほうらく》〈注24〉の境涯《きょうがい》があることを教《おし》えられているのです。

弟子《でし》が勇気を奮《ふる》い起《お》こし、師弟不二《していふに》の師子吼《ししく》をもって妙法弘通《ぐつう》に戦うときにこそ、師から弟子へと妙法が伝《つた》わるのです。

三類《さんるい》の強敵《ごうてき》が説《と》かれる法華経勧持品《ほけきょうかんじほん》の二十行《ぎょう》の偈《げ》は、大難を忍《しの》んで法華《ほっけ》弘通を誓《ちか》う菩薩《ぼさつ》たちの「師子吼」です。

この「師子吼」について大聖人は仰せです。

「師とは師匠授《ししょうさず》くる所の妙法子とは弟子受くる所の妙法・吼とは師弟共に唱《とな》うる所の音声《おんじょう》なり」（御書七四八ジベー）

自受法楽の境涯は永遠《えいえん》です。そして、その永遠は、難を越《こ》え、障魔《しょうま》を打《う》ち破《やぶ》っていく師弟不二の強く深《ふか》い一念《いちねん》に凝結《ぎょうけつ》するのです。

その一瞬《いっしゅん》一瞬の生命に成仏《じょうぶつ》の大歓喜を味わうことができるのです。

## 今いる場所《ばしょ》が「常寂光《じょうじゃっこう》の都《みやこ》」

大聖人《だいしょうにん》と最蓮房《さいれんぼう》の師弟《してい》は、流罪《るざい》によって佐渡《さど》の地に流《なが》されていました。ゆえに大聖人は、師弟の歓喜《かんき》の境地《きょうち》を「この世界が始まって以来、まさか私たちのように、喜《よろこ》びが身《み》にあふれている遠国《おんごく》への流罪人はいないでしょう」と表現《ひょうげん》されています。

そして、過酷《かこく》な流罪の地にあっても、「私たちが住《す》んで法華経《ほけきょう》を修行《しゅぎょう》する場所は、どこであれ、常寂光の都〈注25〉となるのです」とも仰《おお》せです。

妙法という最高の法を持《たも》つゆえに、その人の生命も、その場所も、最高に輝《かがや》いていくのです。

今、自分がいるこの場所こそが、自身の仏道《ぶつどう》修行の場、人間革命《かくめい》の舞台《ぶたい》なのだと決意《けつい》し、妙法弘通《ぐつう》に挑戦《ちょうせん》すれば、そこが寂光の都――仏《ほとけ》の住処《すみか》となります。

「一歩《ぽ》を行かずして天竺《てんじく》の霊山《りょうぜん》〈注26〉を見」「本有《ほんぬ》の寂光土《じゃっこうど》〈注27〉へ昼夜《ちゅうや》に往復《おうふく》」すると仰せのように、私たちが日々、行《おこな》っている勤行《ごんぎょう》・唱題《しょうだい》は、わが生命の故郷《こきょう》に瞬時《しゅんじ》に還《かえ》って、エネルギーを満々《まんまん》とたくわえ、再《ふたた》び現実《げんじつ》の闘争《とうそう》へ勇《いさ》んで出発《しゅっぱつ》していく生命革新《かくしん》の儀《ぎ》式《しき》なのです。

## 御文

（御書一三四三ページ十一行目〜十三行目）

余《あま》りにうれしく候《そうら》へば契約《けいやく》一つ申《もう》し候はん、貴《き》辺《へん》の御《ご》勘気《かんき》疾疾《とくとく》許《ゆり》させ給《たま》いて都《みやこ》へ御上《おんのぼ》り候はば・日蓮も鎌倉殿《かまくらどの》は・ゆるさじとの給ひ候《そうろう》とも諸天等《しょてんとう》に申して鎌倉に帰り京都へ音信《おとずれ》申す可《べ》く候、又《また》日蓮先立つてゆり《許》候いて鎌倉へ帰り候はば貴辺をも天に申して古京《こきょう》へ帰し奉《たてまつ》る可く候

## 現代語訳

あまりにうれしく思うので、約束《やくそく》を一つ申《もう》し上《あ》げましょう。あなたの流罪《るざい》が早く許《ゆる》されて都《みやこ》へ上《のぼ》られたならば、日蓮も、鎌倉殿《かまくらどの》（執権《しっけん》・北《ほう》条時宗《じょうときむね》）が「許さない」と仰《おお》せられても、諸天等《しょてんとう》に申して鎌倉に帰り、京都にお手紙を差《さ》し上げましょう。
また日蓮が先に許されて鎌倉に帰ったならば、あなたを、諸天に申して京に帰れるようにしましょう。

「師弟《してい》の勝利」が「仏法の勝利」

最後に、ともに必《かなら》ず流刑《るけい》の地から戻《もど》りましょうと約束《やくそく》され、最蓮房《さいれんぼう》を励《はげ》まされています。
師が弟子《でし》に「二人《ふたり》で必ず勝とう！」と呼《よ》びかけてくださった。その深《ふか》きお心に、最蓮房は、どんなに感激《かんげき》し奮起《ふんき》したことでしょう。

このお手紙から二年後、大聖人《だいしょうにん》は赦免《しゃめん》となって、鎌倉《かまくら》に帰られました。そして、最蓮房《さいれんぼう》も赦免され、京都に戻《もど》ることができたと伝《つた》えられています。

師《し》を求《もと》め抜《ぬ》く弟子《でし》と、弟子の勝利を信じ、祈《いの》り続《つづ》ける師。その深《ふか》く熱《あつ》い「生命の絆《きずな》」がついに勝ったのです。

この結《むす》びの一節《いっせつ》からも、〝弟子よ、聖賢《せいけん》と育《そだ》つのだ！　師に続くのだ！〟との慈愛《じあい》と叱《しっ》咤《た》の響《ひび》きが伝わってきます。

「師の期待《きたい》」が「弟子の自覚《じかく》」を促《うなが》します。「弟子の勝利」が「師匠《ししょう》の勝利」であり、「仏法の勝利」となります。

仏法の真髄《しんずい》は師弟《してい》です。法華経《ほけきょう》は師弟の経典《きょうてん》であり、日蓮大聖人のお振《ふ》る舞《ま》いは、師弟の絆に貫《つらぬ》かれています。

仏勅《ぶっちょく》の創価もまた、師弟の大道《だいどう》こそ根本精神《こんぽんせいしん》です。創価の師弟は、日蓮大聖人の仏法を根幹《こんかん》に、人類《じんるい》の宿命《しゅくめい》を転換《てんかん》する師弟です。この師弟の根本精神が不滅《ふめつ》であれば、創価学会は永遠《えいえん》に発展《はってん》します。

一切《いっさい》は弟子《でし》で決まることを、戸田先生は教《おし》えてくださいました。

牧口先生が殉教《じゅんきょう》して残《のこ》された正義《せいぎ》の大道《だいどう》を、戸田先生が一人《ひとり》立たれ、受《う》け継《つ》いで、民衆《みんしゅう》の中へ開いていかれました。

その弟子として私も、戸田先生をお守りしました。師弟《してい》の大道を、私は同志《どうし》とともに、あらゆる艱難《かんなん》を突《つ》き抜《ぬ》け、世界百九十カ国・地域（二〇一一年七月現在、百九十二カ国・地域）へ広げてきました。戸田先生の構想《こうそう》のすべてを実現《じつげん》し、先生の勝利を満天下《まんてんか》に示《しめ》しました。

戸田先生が勝ったから、牧口先生が勝利されたのです。私の勝利は戸田先生の勝利となったと私は確信《かくしん》しています。

「創価の師弟の精神《せいしん》」を貫《つらぬ》けば、世界広宣流布《こうせんるふ》が必《かなら》ずできるとの方程式《ほうていしき》を、私は打ち立てたつもりです。

戸田先生に「世界広布の基盤《きばん》を完成《かんせい》しました」と、皆さま方と共《とも》に勝利の報告《ほうこく》をすることができます。これほどの喜《よろこ》びはありません。

## 注解

〈注1〉大聖人は文永《ぶんえい》九年（一二七二年）四月、佐渡における最初の配流地《はいるち》である塚原《つかはら》から一谷入《いちのさわにゅう》道《どう》の領地である一谷へ移られたとされている。

〈注2〉「千日尼御前御返事《せんにちあまごぜんごへんじ》」に「ただし入道の堂のらう《廊》にていのち《命》をたび《度》たび《度》たすけ《助》られたりし事」（御書一三一五㌻）とある。

〈注3〉【阿仏房《あぶつぼう》・千日尼夫妻《せんにちあま》】日蓮大聖人御在世《ございせ》当時の佐渡在住の門下《もんか》。大聖人の佐渡流罪の時に帰《き》依《え》し、難を受ける中、大聖人をお守りした。

〈注4〉【国府入道夫妻《こうにゅうどう》】日蓮大聖人御在世《ございせ》当時の佐渡在住の門下《もんか》。国府入道・国府尼《あま》夫妻は、阿仏《あぶつ》房《ぼう》・千日尼《せんにちあま》夫妻と同じように、佐渡で入信し、大聖人を命を賭《と》して守った。

〈注5〉【仏力《ぶつりき》・法力《ほうりき》】妙法の四種の力用《りきゆう》である四力《しりき》（仏力・法力・信力・行力）の二つ。仏力は、仏《ほとけ》がもつ力用。法力は、妙法に具《そな》わる広大深遠《こうだいじんのん》な力用。

〈注6〉【創価教育学会】創価学会の前身。牧口常三郎《つねさぶろう》初代会長が創案・提唱した創価教育学説に共鳴する教育者の団体として出発したが、後に価値創造の根本ともいうべき日蓮大聖人の仏法を実践する団体となった。戸田城聖《じょうせい》第二代会長は、当時、理事長だった。

〈注7〉【日興上人《にっこうしょうにん》】本書六〇㌻を参照。

〈注8〉【三千塵点劫《じんてんごう》】法華経化城喩品《ほけきょうけじょうゆほん》第七に説かれたもので、長遠《ちょうおん》の昔に大通智勝仏《だいつうちしょうぶつ》の第十六王子である釈尊《しゃくそん》が弟子を教化《きょうけ》して以来、釈尊在世《ざいせ》に至るまでの長遠の時を表したもの。

〈注9〉【因縁《いんねん》（絆《きずな》）】通常は、果を生《しょう》ずべき直接の原因（因）と、因を助けて果に至らせる間接の原因（縁《えん》）をいうが、ここでは、説法教化《きょうけ》における過去世からの結び付き、由来《ゆらい》、絆のこと。

〈注10〉【恒沙《ごうしゃ》】恒河《ごうが》沙《しゃ》の略。恒河（ガンジス川）の砂のこと。無量《むりょう》無数の意に譬《たと》えられる。

〈注11〉【天台大師《てんだいだいし》】五三八年〜五九七年。中国・隋代《ずいだい》の僧で、中国天台宗を確立した。智顗《ちぎ》のこと。南三北七の諸宗を破折し法華経《ほけきょう》を宣揚《せんよう》し、『法華《ほっけ》玄義《げんぎ》』『法華文句《もんぐ》』『摩訶止観《まかしかん》』等を著《あらわ》し、一念三千の法門を明《あ》かした。

〈注12〉【妙楽大師《みょうらくだいし》】七一一年〜七八二年。中国・唐代《とうだい》の人で中国天台宗の中興《ちゅうこう》の祖。

〈注13〉それぞれ天台《てんだい》の『法華《ほっけ》玄義《げんぎ》』（「天台三大部」〈『法華玄義』『法華文句《もんぐ》』『摩訶止観《まかしかん》』〉の一つ）、妙楽《みょうらく》の『法華文句記』（天台が著《あらわ》した『法華文句』を注釈《ちゅうしゃく》した書）の言葉。

〈注14〉【出世《しゅっせ》の本懐《ほんかい》】仏《ほとけ》がこの世に出現した根本の目的。

〈注15〉【地涌《じゆ》の菩薩《ぼさつ》】法華経従地涌出品《ほけきょうじゅうじゆじゅっぽん》第十五で、釈《しゃく》尊《そん》が滅後《めつご》における法華経弘通《ぐつう》を託《たく》すに当たり、他の弟子たちを退《しりぞ》けて呼び出した、久遠《くおん》の昔から教化《きょうけ》してきた弟子である菩薩。大地の下から涌出してきたので地涌の菩薩という。その数は無量《むりょう》千万億とされ、それぞれが六万恒河《ごうが》沙《しゃ》（ガンジス川の砂の数の六万倍）等の眷属《けんぞく》を率《ひき》いるリーダーであると説かれている。

〈注16〉【貪瞋癡《とんじんち》】最も基本的な煩悩《ぼんのう》で、貪《むさぼ》りと瞋《いか》りと癡《おろ》かさのこと。三毒《さんどく》と呼ばれる。

〈注17〉「いかに我が身は正直にして世間・出世《しゅっせ》の賢人の名をとらんと存ずれども・悪人に親近《しんごん》すれば自然《じねん》に十度に二度・三度・其《そ》の教《おしえ》に随《したが》ひ以《もっ》て行くほどに終《つい》に悪人になるなり」（御書一三四一ページ）

〈注18〉【師子身中《しししんちゅう》の虫《むし》】ライオンの体の中から生《しょう》じて食い破る虫のこと。蓮華面経《れんげめんきょう》には、師子が死んでも他に食うものはいないが、師子の身中から生じた虫がその肉を食うように、仏法は外からは破壊《はかい》されないが、内にいる悪僧によって破壊される等と説かれている。

〈注19〉【悪鬼入其身《あっきにゅうごしん》】「悪鬼は其《そ》の身に入って」（法華

経四一九㌻）と読む。法華経勧持品第十三《ほけきょうかんじほん》の文。

〈注20〉【第六天の魔王《まおう》】他化自在天王《たけじざいてんのう》ともいい、仏道修行を妨《さまた》げる魔の働きの根源。欲界《よっかい》の六欲天の最上に住《じゅう》す。

〈注21〉【極楽寺良観《ごくらくじりょうかん》】良観房忍性《ぼうにんしょう》。真言律宗《しんごんりつしゅう》（西大寺《さいだいじ》流《りゅう》律宗）の僧。大聖人と門下《もんか》に対して数々の迫害を加えた。

〈注22〉【三類《さんるい》の強敵《ごうてき》】滅後《めつご》悪世で法華経《ほけきょう》を弘通《ぐつう》する人を迫害する者。俗衆増上慢《ぞくしゅうぞうじょうまん》、道門増上慢、僭聖《せんしょう》増上慢の三種類に分類される。

〈注23〉【抜苦与楽《ばっくよらく》】苦を除き楽を与えること。仏《ほとけ》の慈《じ》悲《ひ》の行為をいう。

〈注24〉【自受法楽《じじゅほうらく》】自ら妙法の功徳《くどく》である真の安楽を受けること。

〈注25〉【常寂光《じょうじゃっこう》の都《みやこ》】仏《ほとけ》が常住《じょうじゅう》する国土。常寂光土のこと。

〈注26〉【霊山《りょうぜん》】本書三一㌻【霊山浄土《じょうど》】を参照。

〈注27〉【本有《ほんぬ》の寂光土《じゃっこうど》】真実の仏《ほとけ》が常住《じょうじゅう》する真の仏国《ぶっこく》土《ど》。寿量品《じゅりょうほん》では娑婆《しゃば》世界がそのまま寂光土であると説かれる。

（二〇〇七年十一月号）

# 上野《うえの》殿《どの》後家《ごけ》尼《あま》御返事《ごへんじ》

## 生も仏《ほとけ》　死も仏
### ――「生死《しょうじ》ともに歓喜《かんき》」を築《きず》く即身成仏《そくしんじょうぶつ》の法門《ほうもん》

昭和二十五年（一九五〇年）、恩師《おんし》・戸田先生は事業面《じぎょうめん》で最大の苦境《くきょう》にありました。影響《えいきょう》が学会に及《およ》ばないように、理事長を辞任《じにん》されました。

戸田先生を中心に何十人もの受講者《じゅこうしゃ》で活気《かっき》を呈《てい》していた本部での講義も、潮《しお》が引くように少《すく》なくなっていった。しかし先生は、わずか数名のために、時間をこじ開《あ》けては、御書講義を続《つづ》けてくださいました。

そして厳然《げんぜん》と言い切られたのです。

「私は、たとえ一人《ひとり》でも求《もと》める諸君《しょくん》たちのために全力《ぜんりょく》を尽《つ》くすのだ」

「私は、仮《かり》に地獄《じごく》に堕《お》ちても平気《へいき》だ。そのときは地獄の衆生《しゅじょう》を折伏《しゃくぶく》して寂光土《じゃっこうど》とする。しかし信心弱《よわ》い君《きみ》たちのことを考《かんが》えると心配《しんぱい》だ」

どんな苦難《くなん》の渦中《かちゅう》にあっても、どんなに疲《つか》れきっていても、宿命《しゅくめい》に悩《なや》み、指導《しどう》を求《もと》めてくる同志《どうし》を、そして求道《きゅうどう》の青年を、先生は、あらん限《かぎ》りの慈愛《じあい》と気迫《きはく》で、励《はげ》ましてくださいました。

やがて事業《じぎょう》の苦境《くきょう》を打開《だかい》し、会長に就任《しゅうにん》されて間《ま》もなく先生は、会社の事務所《じむしょ》を東京・市ケ谷《いちがや》駅近くのビルの一室に移《うつ》されました。そして同じビルの別《べつ》の小さな一室を学会本部分室《ぶんしつ》とし、訪《たず》ねてこられる学会員を、毎日、長時間かけて、指導・激励《げきれい》されたのです。

最《もっと》も苦《くる》しんだ人を最高の幸福者に変えるのが日蓮大聖人の仏法です。地獄《じごく》をも寂光土《じゃっこうど》に変える力強《ちからづよ》い妙法です。

当時、ビルの受付《うけつけ》をされていた女性の方の貴重《きちょう》な証言《しょうげん》をうかがいました。

その方と親交《しんこう》を結《むす》ばれた地域の婦人部の方が、私に伝《つた》えてくれたものです。

その方は当時のことを鮮明《せんめい》に覚《おぼ》えておられた。

大勢《おおぜい》の人が分室を訪《おとず》れた。しかも、悩みに打ちひしがれたような表情《ひょうじょう》で来た人たちが、まるで別人のような笑顔《えがお》になって帰っていく。その姿《すがた》が不思議《ふしぎ》でならなかった、と。

宿命を使命《しめい》として、勇気と大確信《だいかくしん》の炎《ほのお》を、あの友の心に、この一家《いっか》の未来にと点じ続《つづ》ける生き方を教《おし》えてくれたのが、牧口先生であり、戸田先生です。

「一人《ひとり》の人」を、どこまでも激励《げきれい》し抜《ぬ》いていく。最《もっと》も崇高《すうこう》な広宣流布《こうせんるふ》の使命《しめい》に、ともに立ち上がっていく——これが、創価の師弟《してい》を貫《つらぬ》く根本精神《こんぽんせいしん》です。

この精神を継承《けいしょう》すれば、学会は永遠《えいえん》に発展《はってん》することは間違《まちが》いありません。

大聖人《だいしょうにん》が生涯《しょうがい》貫かれた「真剣勝負《しんけんしょうぶ》の励《はげ》まし」の戦いを、今回は「上野殿後家尼御返事《うえのどのごけあまごへんじ》」を拝《はい》して学《まな》んでいきましょう。

## 御文

（御書一五〇四ジペー一行目〜八行目）

御供養《ごくよう》の物種種《ものしゅじゅ》給畢《たびおわ》んぬ、抑《そもそ》も上野殿《うえのどの》死去《しきょ》の後は・をとづれ《音信》冥途《めいど》より候《そうろう》やらん・きか《聞》まほしくをぼへ候、ただしあるべしとも・をぼへず、もし夢にあらずんば・すがた《姿》をみる事《こと》よもあらじ、まぼろし《幻》にあらずんば・み《見》みえ給《たま》う事いかが候《そうら》はん、さだめて《定》霊山浄土《りょうぜんじょうど》にてさば《娑婆》の事をば・ちうや《昼夜》にきき御覧《ごらん》じ候らむ、妻子等《さいしら》は肉眼《にくげん》なればみさせ《見》・きかせ《聞》給う事なし・ついには一所《いっしょ》とをぼしめせ、生生世世《しょうじょう》の間《あいだ》ちぎり《契》し夫《をとこ》は大海《たいかい》のいさご《沙》のかず《数》よりも・をを《多》くこそをはしまし候いけん、今度のちぎり《契》こそ・まこと《真》のちぎりのをとこ《夫》よ、そのゆへ《故》は・をとこ《夫》のすすめ《勧》めによりて法華経《ほけきょう》の行者《ぎょうじゃ》とならせ給へば仏《ほとけ》とをがませ《拝》給うべし、いき《生》

てをはしき時は生《せい》の仏《ほとけ》・今は死の仏・生死《しょうじ》ともに仏なり、即身成仏《そくしんじょうぶつ》と申《もう》す大事《だいじ》の法門《ほうもん》これなり、法華経《ほけきょう》の第四に云《いわ》く、「若《も》し能《よ》く持《たも》つこと有《あ》れば即《すなわ》ち仏身《ぶっしん》を持つなり」云云《うんぬん》

## 現代語訳

種々《しゅじゅ》の御供養《ごくよう》の品《しな》を、頂《いただ》きました。

上野殿《うえのどの》（南条兵衛七郎《なんじょうひょうえしちろう》）が亡《な》くなられた後は、何かの便《たよ》りが冥途《めいど》からあったでしょうか。お聞きしたいと思います。けれども、あるとも思えません。もし夢の中でなければ、亡き上野殿のお姿《すがた》を見ることは決《けっ》してできないでしょう。幻《まぼろし》でなければ、お目にかかることなど、どうしてできましょうか。

しかし、間違《まちが》いなく、亡き上野殿は霊山浄土《りょうぜんじょうど》で、この娑婆《しゃば》世界のことを、昼も

夜もお聞きになったり、ご覧《らん》になったりしていることでしょう。

妻子《さいし》のあなたたちは肉眼《にくがん》ですから、亡《な》き上野殿《うえのどの》のお姿《すがた》をご覧になったり、声をお聞きになったりすることはありませんが、最後には、霊山浄土《りょうぜんじょうど》で一緒《いっしょ》になるとお思いなさい。

生死《しょうじ》を繰《く》り返《かえ》しゆく間《あいだ》に夫婦《ふうふ》となった男性は、大海《たいかい》の砂《すな》の数よりも多くいらっしゃったことでしょう。そのなかで、今度の夫婦の絆《きずな》こそが、真実《しんじつ》の絆で結《むす》ばれた夫《おっと》なのです。

そのわけは、あなたは夫の勧《すす》めによって法華経《ほけきょう》の行者《ぎょうじゃ》になられたからです。ですから、故人《こじん》を仏《ほとけ》と拝《はい》するべきです。

生きておられた時は生《せい》の仏。今は死の仏。生死ともに仏なのです。即身成仏《そくしんじょうぶつ》ということは、このことです。法華経の第四巻《かん》には、「もしこの経を持《たも》ち抜《ぬ》くならば、すなわち仏身《ぶっしん》を持つことになる」（見宝塔品第十一《けんほうとうほん》）とあります。

## 「生《せい》も歓喜《かんき》　死も歓喜」の大境涯《だいきょうがい》

「いき《生》てをはしき時は生の仏《ほとけ》・今は死の仏・生死《しょうじ》ともに仏なり」

仏法は、一生《いっしょう》のうちに成仏《じょうぶつ》を実現《じつげん》し、永遠《えいえん》に自在《じざい》にして希望に満《み》ちた生と死を続《つづ》けることを可能《かのう》にする大法《だいほう》です。

「生も歓喜」であれば、「死も歓喜」となります。「死も歓喜」であれば、次の「生も歓喜」です。生死ともに歓喜の連続《れんぞく》であり、自他《じた》ともの歓喜を現実《げんじつ》のものとする使命《しめい》に生きる生命の真髄《しんずい》を教《おし》えています。

今回拝《はい》する「上野殿後家尼御返事《うえのどのごけあまごへんじ》」は、夫《おっと》・南条兵衛七郎《なんじょうひょうえしちろう》〈注1〉を亡《な》くした上野尼御《ご》前《ぜん》に対《たい》するお手紙です。本抄《ほんしょう》の執筆年《しっぴつねん》については諸説《しょせつ》あります。夫が亡くなった直後《ちょくご》の文《ぶん》永《えい》二年（一二六五年）頃《ごろ》か、あるいは、大聖人《だいしょうにん》が佐渡《さど》から戻《もど》り、身延《みのぶ》に入《はい》られた直後、再《ふたた》び南条家《け》と頻繁《ひんぱん》なやりとりを始められる文永十一年（一二七四年）頃とされています。

南条家で最初に大聖人に帰依《きえ》したのは、亡き夫・南条兵衛七郎でした。幕府《ばくふ》の御家人《ごけにん》であり、大聖人も深《ふか》い期待《きたい》を寄《よ》せられていましたが、重い病《やまい》のため、文永二年に亡くなります。

南条兵衛七郎《なんじょうひょうえしちろう》は、大聖人《だいしょうにん》の御指導《ごしどう》通り、妙法への信仰《しんこう》を最後まで貫《つらぬ》き、その潔《いさぎよ》い信心は、残《のこ》された家族に受《う》け継《つ》がれていきました。

兵衛七郎が亡《な》くなった時、後《のち》に家督《かとく》を継ぐ二男《じなん》の時光《ときみつ》〈注2〉は七歳。五男にあたる末《すえ》の息子《むすこ》は、まだ母の胎内《たいない》にいました。母は悲《かな》しみをこらえながら、必死《ひっし》になって家族を守り育《そだ》てていきます。

この母の抑《おさ》えても抑えきれない嘆《なげ》き、悲しみを、大聖人は深《ふか》くくみとり、解《と》きほぐすようにして、励《はげ》まされたのです。

〝夢であるならば夫《おっと》の姿《すがた》を見ることはできても、現実《げんじつ》は、何かしらの便《たよ》りがあるとも思えません〟と仰《おお》せになられています。そして、仏法の眼《まなこ》から、亡き夫は、今どこにおられるか――〝霊山浄土《りょうぜんじょうど》〈注3〉におられて、ご家族のことをいつもご覧《らん》になっていますよ。最後は同じ霊山でまた会えるのですよ〟と大聖人は語《かた》りかけておられます。

信心の深き心で結《むす》ばれた同志《どうし》、家族、眷属《けんぞく》は、必《かなら》ずまた一緒《いっしょ》になれると、温《あたた》かく包容《ほうよう》されているのです。

## 霊山《りょうぜん》とは「永遠《えいえん》の生命の故郷《ふるさと》」

霊山浄土《じょうど》といっても、念仏《ねんぶつ》の西方極楽《さいほうごくらく》浄土〈注4〉のような架空《かくう》の別世界《べっせかい》のことでは絶対《ぜったい》にありません。端的《たんてき》に言えば、霊山浄土とは、大宇宙《だいうちゅう》の仏界《ぶっかい》そのものです。

「一身一念法界《いっしんいちねんほうかい》に遍《あまね》し」〈注5〉（御書二四七㌻）とあります。妙法を受持《じゅじ》しきって亡《な》くなった人の生命は、宇宙全体を我《わ》が生命とする、広大無辺《こうだいむへん》の境地《きょうち》となって、大歓喜《だいかんき》の境涯《きょうがい》に包《つつ》まれていく。そのことを戸田先生は「大宇宙の仏界に溶《と》け込《こ》む」と言われました。

大聖人《だいしょうにん》は繰《く》り返《かえ》し仰《おお》せです。

「ともに、霊山浄土にまいり、お会いしましょう」（御書一三二五㌻、通解）

「必《かなら》ず母と子がともに霊山浄土へまいることができよう」（御書九三四㌻、通解）

妙法への信心を生涯《しょうがい》、貫《つらぬ》き通した人が、等《ひと》しく到達《とうたつ》できる仏《ほとけ》の世界――それが霊山浄土であり、そこでは、深《ふか》き生命の次元《じげん》で結《むす》ばれた師弟《してい》が、同志《どうし》が、また、親子・夫婦《ふうふ》・家族が、晴《は》れ晴《ば》れと出会うことができるのです。

地涌《じゆ》の菩薩《ぼさつ》〈注6〉は、この仏の世界から民衆救済《みんしゅうきゅうさい》の使命《しめい》を果《は》たすために娑婆《しゃば》世界〈注7〉に出現《しゅつげん》し、また、今世《こんぜ》の使命を果たして、再《ふたた》び大宇宙の仏界へと戻《もど》ります。それが「霊山浄土《じょうど》」です。永遠《えいえん》に戦い続《つづ》ける地涌《じゆ》の勇者《ゆうしゃ》の「生命の故郷《ふるさと》」であり、「久遠《くおん》の同志《どうし》の世界」です。

生きているうちに、この境地《きょうち》に基《もと》づいて仏界《ぶっかい》を現《あらわ》して、現実《げんじつ》の苦難《くなん》の使命《しめい》の舞台《ぶたい》に雄々《おお》しく立ち上がり、自他共《じたとも》の幸福を築《きず》いていく。それが「生《せい》の仏《ほとけ》」です。

そして、使命を果《は》たしきって、三世《さんぜ》永遠の自受法楽《じじゅほうらく》〈注8〉の軌道《きどう》に乗《の》り、さらなる誓願《せいがん》の実現《じつげん》のために、次の菩薩道《ぼさつどう》の生へと向かっていく。それが「死の仏」です。

この「生死《しょうじ》ともに仏」「生死ともに歓喜《かんき》」の大境涯《だいきょうがい》を確立《かくりつ》するための今世《こんぜ》の一生《いっしょう》です。否《いな》、今世の一生の瞬間《しゅんかん》瞬間の闘争《とうそう》です。

大聖人《だいしょうにん》は「若《も》し能《よ》く持《たも》つこと有《あ》れば即《すなわ》ち仏身《ぶっしん》を持つなり」〈注9〉との経文《きょうもん》を引かれています。この経文通りに、南条兵衛七郎《なんじょうひょうえしちろう》は戦い、一生の間《あいだ》に仏の境涯を確立したからこそ、永遠の仏界の生死の軌道に乗った。

〝あなたの亡《な》くなった夫《おっと》は、まさに法華経《ほけきょう》に示《しめ》された通りの「仏様」なのですよ〟――ご主人《しゅじん》は勝ちました！　今度は、あなたが勝利する番ですよ！　と、呼《よ》びかけておられるのです。

## 御文

（御書一五〇四ページ九行目～一五〇五ページ十行目）

夫《そ》れ浄土《じょうど》と云《い》うも地獄《じごく》と云うも外《ほか》には候《そうら》はず・ただ我等《われら》がむね《胸》の間《あいだ》にあり、これをさとる《悟》を仏《ほとけ》といふ・これにまよふ《迷》を凡夫《ぼんぷ》と云う、これをさとる《悟》は法華経《ほけきょう》なり、もし《若》しからば法華経をたもち《持》たてまつるものは地獄即寂光《そくじゃっこう》とさとり候《そうろう》ぞ、（中略）此《こ》の法門《ほうもん》ゆゆしき大事《だいじ》なれども、尼《あま》にたいし《対》まいらせて・おしへ《教》まいらせん、例《れい》せば竜女《りゅうにょ》にたいして文《もん》殊菩薩《じゅぼさつ》は即身成仏《そくしんじょうぶつ》の秘法《ひほう》をとき《説》給《たま》いしがごとし、これ《此》をきかせ《聞》給いて後《のち》は・いよいよ信心をいたさせ給へ、法華経の法門をきくにつけて・なをなを信心をはげむ《励》を・まこと《真》の道心者《どうしんしゃ》とは申《もう》すなり、天台云《てんだいいわ》く「従藍而青《じゅうらんにしょう》」云云《うんぬん》、此の釈《しゃく》の心はあい《藍》は葉《は》のとき《時》よりも・なをそむれ《染》

ば・いよいよあを《青》し、法華経《ほけきょう》はあいのごとし修行《しゅぎょう》のふかき《深》は・いよいよあを《青》きがごとし

## 現代語訳

浄土《じょうど》といっても、地獄《じごく》といっても、自分の外《そと》にあるのではありません。ただ私たちの胸《むね》の中にあるのです。これを悟《さと》るのを仏《ほとけ》といい、これに迷《まよ》うのを凡夫《ぼんぷ》といいます。これを悟るのが法華経です。

もしそうであるならば、法華経を受持《じゅじ》している人は「地獄即寂光《そくじゃっこう》」と悟ることができるのです。（中略）

この法門《ほうもん》は特に大事《だいじ》な教《おし》えですが、尼御前《あまごぜん》に対《たい》しては、お教えいたしましょう。

例《たと》えば竜女《りゅうにょ》に対《たい》して文殊菩薩《もんじゅぼさつ》が即身成仏《そくしんじょうぶつ》の秘法《ひほう》を説《と》かれたようなものです。

これをお聞きになった後は、いっそう信心を奮《ふる》い起《お》こしていきなさい。

法華経《ほけきょう》の法門《ほうもん》を聞くたびに、ますます信心に励《はげ》んでいく人を真《しん》の求道《きゅうどう》の人というのです。

天台大師《てんだいだいし》は「青は藍《あい》から出て、藍よりも青い」と言われています。

この言葉《ことば》の意味は、植物《しょくぶつ》の藍は、その葉《は》からとった染料《せんりょう》で重《かさ》ねて染《そ》めれば、葉の時よりも、ますます青みが深《ふか》まるということです。

法華経は藍のようなもので、修行《しゅぎょう》が深まるのは、ますます青くなるようなものです。

## 地獄《じごく》を寂光土《じゃっこうど》に変える仏法の功力《くりき》

浄土《じょうど》も地獄も、自身の胸中《きょうちゅう》にある。他《ほか》のどこかにあると思うのは迷《まよ》いである——これが日蓮大聖人の教《おし》えです。

ここで大聖人《だいしょうにん》は、焦点《しょうてん》を「亡《な》き夫《おっと》の成仏《じょうぶつ》」から「上野尼御前《うえのあまごぜん》自身の成仏」に移《うつ》して、励《はげ》ましていかれます。

法華経《ほけきょう》を持《たも》つ者は地獄即寂光《じごくそくじゃっこう》〈注10〉の法理《ほうり》を現実《げんじつ》のものとすることができます。

大聖人は四条金吾《しじょうきんご》に仰《おお》せです。

〝あなたを守るためだったら、私も地獄に共《とも》に行《い》ってあげましょう。私が行けば、釈迦《しゃか》仏《ぶつ》も法華経も共に地獄に来ます〟(御書一一七三ジペー、趣意)

大聖人も釈迦仏もおられるとなれば、地獄はもはや地獄ではありえません。仏国土《ぶっこくど》へと変わります。そうなれば、獄卒《ごくそつ》が仏子《ぶつし》を責《せ》めることはできません。閻魔《えんま》大王も法華経の守《しゅ》護《ご》者《しゃ》にならざるをえません。

今いるこの場所《ばしょ》を仏国土にするための法華経です。また、仏国土にしていく挑戦《ちょうせん》が法華経の信心です。

したがって、法華経の実践《じっせん》を貫《つらぬ》いた大聖人の門下《もんか》が、地獄界《かい》で苦《くる》しむわけがない。自在《じざい》の境涯《きょうがい》に生きていけることは間違《まちが》いありません。

大聖人は、このことを、尼御前に深《ふか》く教《おし》えようとされた。

尼御前《あまごぜん》もおそらく、それまでにもこの地獄即寂光《じごくそくじやっこう》の法門《ほうもん》を聞いたことがあったでしょう。しかし、一歩《ぽ》深《ふか》く、生命の奥底《おうてい》でつかみとってほしい。体得《たいとく》してほしい。そして、ますます信心に励《はげ》んでほしいという大聖人《だいしょうにん》のお心が伝《つた》わってきます。

## 即身成仏《そくしんじょうぶつ》は歓喜《かんき》と希望の原理《げんり》

大聖人が地獄即寂光の法理《ほうり》を説《と》かれたのは、故《こ》・南条殿《なんじょうどの》が必《かなら》ず成仏しているとの安心を尼御前に与《あた》えるためであるとともに、夫亡《おっとな》き後に幼《おさな》い子をかかえて苦闘《くとう》する尼御前自身に、仏界《ぶっかい》は我《わ》が生命にあるとの究極《きゅうきょく》の希望を教《おし》えるためでもありました。

尼御前への激励《げきれい》のために、大聖人はさらに法《ほ》華経《けきょう》に説かれる竜女《りゅうにょ》〈注11〉の即身成仏〈注12〉に言及《げんきゅう》されています。

法華経提婆《だいば》達多《だつた》品《ほん》では、文殊師利菩薩《もんじゅしりぼさつ》〈注13〉が釈尊《しゃくそん》の命《めい》を受けて智積菩薩《ちしゃく》〈注14〉に妙法の功力《くりき》を説きます。その時、妙法には即身成仏の力《ちから》があるとして、その現証《げんしょう》として竜女を呼《よ》び出《だ》して紹介《しょうかい》します。

しかし、智積菩薩や舎利弗《しゃりほつ》〈注15〉は、女人《にょにん》成仏も即身成仏も信じようとしません。

不信《ふしん》をいだく男たちを前に、竜女《りゅうにょ》は釈尊《しゃくそん》に「私は大乗《だいじょう》の教え（法華経《ほけきょう》）を開いて、苦悩《くのう》の衆生《しゅじょう》を救《すく》ってまいります」と誓願《せいがん》し、即身成仏《そくしんじょうぶつ》の現証《げんしょう》を示《しめ》します。

その場《ば》にいた多くの衆生は、竜女の現証を見て、「心大歓喜《しんだいかんき》」――心《こころ》は大《おお》いに歓喜して成仏の軌道《きどう》へと入《はい》っていきました。不信の男性たちは返す言葉《ことば》もなく、竜女に感服《かんぷく》し、黙然《もくぜん》として信受《しんじゅ》せざるをえなかった――。

痛快《つうかい》な女人《にょにん》成仏のドラマは、希望の閃光《せんこう》で万人《ばんにん》を照《て》らし、歓喜の波動《はどう》をもたらしたのです。

即身成仏の法理《ほうり》は、万人の胸中《きょうちゅう》に歓喜と希望を呼《よ》び起《お》こす力《ちから》があります。大聖人は、尼御前《あまごぜん》の胸中《きょうちゅう》に真実《しんじつ》の希望を湧《わ》き立《た》たせるために、本抄《ほんしょう》で即身成仏の極理《ごくり》を説《と》かれているのです。

## 法華経の原理《げんり》を実現《じつげん》する日蓮仏法

「いよいよ信心をいたさせ給《たま》へ」

「なをなを信心をはげ《励》むを・まこと《真》の道心者《どうしんしゃ》とは申《もう》すなり」

大聖人《だいしょうにん》が、即身成仏《そくしんじょうぶつ》や地獄即寂光《じごくそくじゃっこう》などの深理《じんり》を説《と》かれるのは、門下《もんか》の信心を深《ふか》めるためです。

仏法は、言葉《ことば》や観念《かんねん》の遊戯《ゆうぎ》ではない。本抄《ほんしょう》で説かれている極理《ごくり》はすべて、私たちの生命の中に仏界《ぶっかい》という究極《きゅうきょく》の希望があることを教《おし》えるものです。

それを、自《みずか》らの命《いのち》において信じていけば、その信によって、仏界の生命を覆《おお》い隠《かく》している無明《むみょう》〈注16〉を打《う》ち破《やぶ》り、我《わ》が生命に仏界が涌現《ゆげん》するのです。ゆえに「信」が大事《だいじ》なのです。信心を深めれば深めるほど、私たちの生命は仏界の色彩《しきさい》に染《そ》め上《あ》げられていくからです。

大聖人は、そのことを、天台大師《てんだいだいし》〈注17〉の「従藍而青《じゅうらんにしょう》〈注18〉」（摩訶止観《まかしかん》〈注19〉）との言葉を通して教えてくださっています。

植物《しょくぶつ》の藍《あい》の葉《は》は、薄《うす》く青みがかった緑色《みどりいろ》です。しかし、この葉から採《と》った染料《せんりょう》で何回も重《かさ》ねて染めれば、濃《こ》い鮮《あざ》やかな青になります。

私たちの一生成仏《いっしょうじょうぶつ》の修行《しゅぎょう》も同じです。

成仏《じょうぶつ》の原理《げんり》が説《と》かれている法華経《ほけきょう》は、藍《あい》の葉《は》に譬《たと》えられます。大聖人《だいしょうにん》の仏法の実践《じっせん》は、藍の葉から採《と》った染料《せんりょう》を何回も染《そ》めていくことに譬えられるでしょう。

すなわち、大聖人の仏法では、法理《ほうり》を聞いて信心を深《ふか》め、ますます修行《しゅぎょう》に励《はげ》んでいけば、実際《じっさい》に仏界《ぶっかい》を現《あらわ》し、一生成仏《いっしょう》を実現《じつげん》していくことができるのです。

御書を学《まな》ぶ目的《もくてき》は、大聖人の御精神《ごせいしん》に触《ふ》れて、信心を深めるとともに、仏法の深理《じんり》に学んで我《わ》が内《うち》なる希望と平和を確信《かくしん》し、自行化他《じぎょうけた》の実践に励んでいくことにあります。

そして、難《なん》を勝ち越《こ》えてこられた大聖人の実践に学んで、苦難《くなん》に挑戦《ちょうせん》していく勇気を奮《ふる》い起《お》こすことです。

この「実践の教学」の要諦《ようてい》を、深く深く銘記《めいき》していきたいものです。

## 御文

（御書一五〇六ページ八行目〜十三行目）

故聖霊《こしょうりょう》は此《こ》の経《きょう》の行者《ぎょうじゃ》なれば即身成仏《そくしんじょうぶつ》疑《うたが》いなし、さのみなげ《嘆》き給《たま》うべからず、又《また》なげき給うべきが凡夫《ぼんぷ》のことわり《理》なり、ただし聖人《しょうにん》の上にも・これあるなり、釈迦仏《しゃかぶつ》・御入滅《ごにゅうめつ》のとき諸大弟子《しょだいでし》等《ら》のさとり《悟》のなげき・凡夫のふるまひ《振舞》を示《しめ》し給うか。

いかにも・いかにも追善供養《ついぜんくよう》を心のをよぶ《及》ほどははげみ《励》給うべし、古《こ》徳《とく》のことば《語》にも心地《しんち》を九識《しき》にもち修行《しゅぎょう》をば六識にせよと・をしへ給う・ことわりにもや候《そうろう》らん、此の文《ふみ》には日蓮が秘蔵《ひぞう》の法門《ほうもん》かきて候ぞ、秘しさせ給へ・秘しさせ給へ

## 現代語訳

亡《な》くなった上野《うえの》殿《どの》は、この法《ほ》華経《けきょう》の行者《ぎょうじゃ》ですから即身成仏《そくしんじょうぶつ》は間違《まちが》いありません。だから、そのように嘆《なげ》くべきではありません。しかしまた、嘆くのが凡夫《ぼんぷ》のならいです。もっとも、聖人《しょうにん》であっても嘆くことはあるのです。釈迦仏《しゃかぶつ》が入滅《にゅうめつ》された時、多くの優《すぐ》れた弟子《でし》たちが、悟《さと》りを得《え》ていたのに嘆かれたのは、凡夫の振《ふ》る舞《ま》いを示《しめ》されたのでしょうか。

何《なん》としても、追善供養《ついぜんくよう》を心ゆくまで励《はげ》まれることです。

昔の智者《ちしゃ》の言葉《ことば》にも「心の根底《こんてい》を第九識《しき》（根本浄識《こんぽんじょうしき》）におき、修行《しゅぎょう》は六識においてしなさい」と教《おし》えられています。これは道理かもしれません。

この手紙には日蓮の胸中《きょうちゅう》に秘《ひ》めた大切《たいせつ》な法門《ほうもん》を書きました。心に深《ふか》くとどめておきなさい、とどめておきなさい。

## ありのままの姿《すがた》で、使命《しめい》の道を

「即身成仏《そくしんじょうぶつ》」とは、人間以外の何か特別《とくべつ》な姿になることではなく、人間としてのありのままの姿で、永遠《えいえん》なる「常楽我浄《じょうらくがじょう》〈注20〉」の大境涯《だいきょうがい》を現《あらわ》していくことです。

妙法には無量《むりょう》の功徳《くどく》が具《そな》わっています。

あらゆる生命は、現実《げんじつ》として十界《じっかい》のどの境涯にあろうと、本来《ほんらい》は妙法の当体《とうたい》です。

ゆえに、たとえ今、地獄《じごく》の境涯にあったとしても、一念《いちねん》が転換《てんかん》すれば、直《ただ》ちに妙法の当体としての清浄《せいじょう》にして尊極《そんごく》なる生命を、その身《み》のままで、現すことが可能《かのう》なのです。

これが「即身成仏」です。

ただし、〝その身のまま〟といっても、当然《とうぜん》、〝苦《くる》しみのまま〟〝怠惰《たいだ》のまま〟では成仏とはいえません。

あくまでも一念の転換が必要《ひつよう》なのであり、そのための戦いが必要なのです。

その戦いを誰《だれ》もができるように、日蓮大聖人は御本尊をあらわしてくださったのです。

大聖人は、その身に成就《じょうじゅ》された尊極の生命を御本尊としてあらわしてくださいました。

その御本尊を信じて南無妙法蓮華経と唱《とな》える人は、我《わ》が生命を覆《おお》う無明《むみょう》を打《う》ち破《やぶ》って、妙法と一体《いったい》の仏界《ぶっかい》の生命を、我《わ》が身《み》に涌現《ゆげん》していけるのです。

御本尊を信ずるということは、大聖人《だいしょうにん》の尊極《そんごく》の生命が自分にもあると信ずることであります。それは、大聖人と同じく「法華経《ほけきょう》の行者《ぎょうじゃ》」としての信心と実践《じっせん》を貫《つらぬ》いていくことに他《ほか》ならない。師弟不二《していふに》の信心にして、初《はじ》めて、自身の生命を曇《くも》らせる無明《むみょう》を打《う》ち破《やぶ》っていけるのです。

本抄《ほんしょう》では、故《こ》・上野殿《うえのどの》は「法華経の行者」であったがゆえに即身成仏《そくしんじょうぶつ》は間違《まちが》いないと言われています。すなわち、法華経の行者であれば、生きている時は「生《せい》の仏《ほとけ》」であり、今は「死の仏」である。ゆえに、生前《せいぜん》も憂慮《ゆうりょ》すべきものは何もないし、死後《しご》も揺《ゆ》るぎない宇《う》宙《ちゅう》の仏界にいることは間違いない。

〝本来《ほんらい》ならば、何も嘆《なげ》くことはないのですよ〟という、生命への深《ふか》い洞察《どうさつ》に基《もと》づいた温《あたた》かい励《はげ》ましのお言葉《ことば》なのです。

## 現実《げんじつ》の世界で勝利者に

そのうえで、〝分かっていても、つい嘆いてしまうのが凡夫《ぼんぷ》〈注21〉の理《ことわり》です。聖人と言われる人たちだって、特別《とくべつ》な時には、やはり嘆《なげ》くものです〟と、包《つつ》みこむように励《はげ》まされています。別《わか》れを嘆くことが凡夫《ぼんぷ》の理《ことわり》であるならば、心の及《およ》ぶかぎり故人《こじん》への追善供養《ついぜんくよう》を励んでいきなさいと勧《すす》められています。嘆きの心を追善の祈《いの》りに変えていきなさい、と言われているのです。

どこまでも門下《もんか》の心情《しんじょう》を大切《たいせつ》にされるのが日蓮大聖人です。お手紙の一文字《もじ》一文字が、尼御前《あまごぜん》を大きく包んでいきます。大空の如《ごと》く、大海《たいかい》の如く、広大《こうだい》な心が御本仏《ごほんぶつ》のお心です。

ここで、「はげみ《励》給《たま》うべし」と仰《おお》せです。夫《おっと》に先だたれた嘆きも、妙法の祈りへと昇華《しょうか》させれば、自身を高め、一生成仏《いっしょうじょうぶつ》へと結実《けつじつ》していくための修行《しゅぎょう》になるのです。

追善の祈りも、妙法の祈りであれば、立派《りっぱ》な仏道《ぶつどう》修行になるのです。

御本尊の前では、何も飾《かざ》る必要《ひつよう》はない。嬉《うれ》しいときは嬉しいままに、悲《かな》しいときは悲しいままに、ありのままの自分で御本尊を拝《はい》していくことです。

苦楽《くらく》ともに思い合わせて、題目を唱《とな》えに唱え抜《ぬ》くのです。妙法の広大《こうだい》な力《ちから》によって、その祈《いの》りがすべて仏道修行《ぶつどうしゅぎょう》になります。何があろうと唱題《しょうだい》し抜いた人が、真《しん》の勝利を得《え》るのです。

何があっても、妙法を唱え、妙法の力用《りきゆう》を我《わ》が生命に現《あらわ》していける人。その人こそが「生《せい》の仏《ほとけ》」に他《ほか》ならないのです。

「根底《こんてい》がもう安心しきっている、それが仏なのです」と戸田先生は言われていた。

「病気《びょうき》などで悩《なや》んでいた人も、御本尊様を受持《じゅじ》することによって、すなわち、安心しきった生命に変わるのだ。根底が安心しきって、生きていること自体《じたい》が楽しいというようになる」「生きていること自体が、絶対《ぜったい》に楽しいということが仏ではないだろうか。これが、大聖人様《だいしょうにん》の御境涯《ごきょうがい》を得られることではないだろうか」

まさに、この境涯を尼御前《あまごぜん》に教《おし》えるために、大聖人は「心地《しんち》〈注22〉を九識《しき》〈注23〉にもち修行をば六識〈注23〉にせよ」との言葉《ことば》を引かれている。

「九識」とは、究極《きゅうきょく》の真理《しんり》である妙法と一体《いったい》の清浄《せいじょう》なる生命です。あらゆる生命に本来《ほんらい》具《そな》わる仏性《ぶっしょう》と同意《どうい》です。私たちの生命は、本来、この「九識」という「心の王」「心の本《ほん》体《たい》」が住《じゅう》する都《みやこ》なのです。

この生命本来《ほんらい》の「九識心王真如《しきしんのうしんにょ》の都〈注24〉」を大聖人《だいしょうにん》は御本尊としてあらわしてくださった。ゆえに、「心地《しんち》を九識にもち」とは、御本尊を信じて南無妙法蓮華経の題目《だいもく》を唱《とな》えていくことに他《ほか》ならないのです。

「修行《しゅぎょう》は六識に」とあります。「六識」とは、現実《げんじつ》世界の現象《げんしょう》に応《おう》じて働《はたら》く五感（眼《げん》・耳《に》・鼻《び》・舌《ぜつ》・身《しん》）と、その五感を統合《とうごう》する意識《いしき》のことです。

つまり、六識とは現実生活といえる。現実生活を修行の場《ば》として、仏界《ぶっかい》の生命を我《わ》が身《み》に確立《かくりつ》していくのです。「信心即《そく》生活」です。

敷衍《ふえん》すれば、「心地を九識に」「修行は六識に」とは、学会活動そのものであるとも言えるでしょう。心の根底《こんてい》を「仏界」に置《お》き、「苦悩《くのう》に満《み》ちた現実世界」に打って出て、妙法を弘《ひろ》め、人びとを救《すく》っていくからです。

信心の励《はげ》ましは、生命と生命の真剣勝負《しんけんしょうぶ》であり、いわば〝一念三千《いちねんさんぜん》〈注25〉と一念三千のぶつかりあい〟です。

わが生命を、仏界へ仏界へと鍛《きた》え上げながら、わが友の境涯《きょうがい》を、仏界へ仏界へと引き上げていく渾身《こんしん》の戦いです。

大聖人《だいしょうにん》のお手紙を拝《はい》して、尼御前《あまごぜん》は、どれほど強く、勇気づけられたことでしょう。

この健気《けなげ》な母は後年《こうねん》、十六歳の五男《なん》を突然《とつぜん》に亡《な》くします。

時光《ときみつ》もまた、命《いのち》に及《およ》ぶ病《やまい》に侵《おか》されてしまう。

しかし、そうした宿命《しゅくめい》との戦いに際《さい》して、尼御前は、どこまでも大聖人を求《もと》め抜《ぬ》き、戦い抜き、見事《みごと》に勝利していきます。

仏法の生死観《しょうじかん》を極《きわ》めた師匠《ししょう》と共《とも》に戦えることが、どれほど、すばらしいことか。

師弟《してい》共に、「生《せい》も歓喜《かんき》」「死も歓喜」の境涯《きょうがい》を歩《あゆ》むことが、真《しん》の即身成仏《そくしんじょうぶつ》の法門《ほうもん》なのです。

## 注解

〈注1〉【南条兵衛七郎《なんじょうひょうえしちろう》】富士《ふじ》郡上野《ぐんうえの》郷《ごう》の地頭《じとう》であったと思われる。南条時光《ときみつ》の父。元は念仏を信じていたが、日蓮大聖人の教えを聞いて帰依《きえ》した。文永元年《ぶんえいがんねん》（一二六四年）末には病状が思わしくなく、大聖人から手紙で激励を受け、翌年亡《な》くなった。

〈注2〉【時光《ときみつ》】南条兵衛七郎《なんじょうひょうえしちろう》の二男・南条時光。父の亡《な》き後、母とともに父の信心を受け継いで、日蓮大聖人を外護《げご》するとともに、日興上人《にっこうしょうにん》の富士地方の弘教《ぐきょう》を支え、熱原の法難の折《おり》にも尽力した。

〈注3〉【霊山浄土《りょうぜんじょうど》】本書三一㌻を参照。

〈注4〉【西方極楽浄土《さいほうごくらくじょうど》】浄土経典で、娑婆《しゃば》世界の西方十万億土にあって阿弥陀如来《あみだにょらい》が住《じゅう》するという浄土のこと。

〈注5〉【「一身一念法界《いっしんいちねんほうかい》に遍《あまね》し」】妙楽大師《みょうらくだいし》の『止観輔行伝弘決《しかんぶぎょうでんぐけつ》』巻五の文。衆生《しゅじょう》の瞬間の心の中に十法界の全体・三千世間が本然的《ほんねんてき》に具《そな》わる故《ゆえ》に、成仏《じょうぶつ》の時、この本然の理《ことわり》にかなって、衆生の心身は法界に遍満《へんまん》して自由自在の境地を得ること。

〈注6〉【地涌《じゆ》の菩薩《ぼさつ》】本書八九㌻を参照。

〈注7〉【娑婆《しゃば》世界】人間が住む現実世界。「娑婆」とはサンスクリット（古代インドの文章語）の「サハー」の音写で、「堪忍《かんにん》」と訳される。苦悩に満ちていて、それを堪《た》え忍《しの》ぶことが必要であるとされる。

〈注8〉【自受法楽《じじゅほうらく》】本書九〇㌻を参照。

〈注9〉【「若《も》し能《よ》く持《たも》つこと……」】法華経見宝塔品《ほけきょうけんほうとうほん》第十一の文。日蓮大聖人はこの宝塔品の文から「法華経を持ち奉《たてまつ》るとは我が身仏身《ぶっしん》と持つなり……さて仏身を持つとは我が身の外《ほか》に仏《ほとけ》無しと持つを云《い》うなり、理即《りそく》の凡夫《ぼんぷ》と究竟即《くきょうそく》の仏と二無きなり」（御書七四二㌻）と教えられている。

〈注10〉【地獄即寂光《じごくそくじゃっこう》】苦しみの境涯《きょうがい》の地獄界がそのまま仏の住む常寂光土となること。地獄とは苦悩の極限である地獄界、寂光とは常寂光土の略で仏の住む国土、仏界を意味する。即とは一体不二の意。十界互具の法理を象徴的に表現したもの。

〈注11〉【竜女《りゅうにょ》】沙竭羅竜王《しゃからりゅうおう》の八歳の娘。法華経提婆達《ほけきょうだいばだつ》多品《たほん》第十二には、海中の竜宮《りゅうぐう》に住んでいたが、文殊師利菩薩《もんじゅしりぼさつ》が法華経を説くのを聞いて発心し、法華経の説法の場で即身成仏《そくしんじょうぶつ》の姿を現《げん》じたと説かれている。

〈注12〉【即身成仏《そくしんじょうぶつ》】衆生《しゅじょう》が凡夫《ぼんぷ》のその身のままで仏《ほとけ》に成《な》ること。爾前諸経《にぜんしょきょう》では衆生は歴劫《りゃっこう》修行を経《へ》て九界を脱して仏になると説かれた。しかし法華経では即身成仏が示され、特に提婆達多品《だいばだったほん》第十二で、竜女《りゅうにょ》が歴劫修行によらず妙法の功力《くりき》によって、その身のままで成仏する現証が示された。

〈注13〉【文殊師利菩薩《もんじゅしりぼさつ》】文殊菩薩のこと。迹仏《しゃくぶつ》に教化《きょうけ》された菩薩である迹化《しゃっけ》の菩薩の上首《じょうしゅ》。

〈注14〉【智積菩薩《ちしゃくぼさつ》】法華経提婆達多品《ほけきょうだいばだったほん》第十二に説かれる菩薩。竜女の成仏について、文殊師利《もんじゅしり》菩薩と問答を起こす。

〈注15〉【舎利弗《しゃりほつ》】釈尊《しゃくそん》の十大弟子の一人。智慧《ちえ》第一といわれた。

〈注16〉【無明《むみょう》】本書三〇㌻【元品《がんぽん》の無明】を参照。

〈注17〉【天台大師《てんだいだいし》】本書八九㌻を参照。

〈注18〉【従藍而青《じゅうらんにしょう》】「藍《あい》よりして而《しか》も青し」と読む。『摩訶止観《まかしかん》』等にある。色を重ねることで、もとの藍より濃《こ》くなることから、学問を探究することで深くなることを譬《たと》えた。もとは荀子《じゅんし》の言葉。門人が先生よりも修養が進む「出藍《しゅつらん》の誉《ほま》れ」の意味で用《もち》いられている。

〈注19〉【摩訶止観《まかしかん》】天台《てんだい》が著《あらわ》した「天台三大部」（『法《ほっ》華《け》玄義《げんぎ》』『法華文句《もんぐ》』『摩訶止観《まかしかん》』）の一つ。天台大師の出世《しゅっせ》の本懐《ほんかい》とされる。

〈注20〉【常楽我浄《じょうらくがじょう》】仏《ほとけ》の生命に具《そな》わる四徳波羅蜜《しとくはらみつ》のこと。①常とは、仏性《ぶっしょう》が不変不改、恒常《こうじょう》であること②楽とは、苦を超越《ちょうえつ》した安楽の境地であること③我とは仏性が自身の根源・真実であること④浄とは、迷いや誤った行いを離れて清浄《せいじょう》であること。

〈注21〉【凡夫《ぼんぷ》】本書三〇ページを参照。

〈注22〉【心地《しんち》】心のこと。心を大地にたとえたもの。

〈注23〉【九識《しき》・六識】九識論では物事を識別《しきべつ》する九種の心の作用を立てる。表層《ひょうそう》から五識（眼識《げんしき》、耳識《にしき》、鼻識《びしき》、舌識《ぜつしき》、身識《しんしき》）、意識、末那識《まなしき》、阿頼耶識《あらやしき》、阿摩羅識《あまらしき》（根本浄識《じょうしき》）。ここでいう第九識は、最も深層《しんそう》の阿摩羅識を指《さ》す。六識は、九識の前六識のこと。感覚器官の五官にともなう五識に意根に、縁《えん》して物事を判断・推量《すいりょう》する精神活動である意識を加えたもの。

〈注24〉【九識心王真如《しきしんのうしんにょ》の都《みやこ》】心王とは、生命の働きの中心的なもので、心所《しんしょ》・心数《しんじゅ》に対する語。真如とは、仏《ほとけ》の悟った真実・真理。九識は生命の中心的な働きであるので心王といい、常住《じょうじゅう》不変の真理である真如と一体であるゆえに心王真如という。都とは、心王のありかを王の住む都城《とじょう》に譬《たと》えて言ったもの。

〈注25〉【一念三千《いちねんさんぜん》】衆生《しゅじょう》の起こす一念の心に三千の諸法を具足《ぐそく》すること。一念とは瞬間、極微《きょくび》の生命をいい、三千とは現象世界のすべてをいう。

（二〇〇七年十二月号）

# 顕《けん》仏《ぶつ》未《み》来《らい》記《き》

## 世界広宣流布《こうせんるふ》——地涌《じゆ》の勇士《ゆうし》よ！　立ち上がれ！

### 流罪地《るざいち》・佐渡《さど》から全人類救済《ぜんじんるいきゅうさい》の大宣言《だいせんげん》

「顕仏未来記《けんぶつみらいき》」は、私の大好きな御書です。

「仏《ほとけ》が予見《よけん》した世界広宣流布を実現《じつげん》せん」との日蓮大聖人の広大《こうだい》なる御境涯《ごきょうがい》を拝《はい》することができるからです。

そして、「未来の我《わ》が弟子《でし》よ、仏の心のままに世界広布に立ち上がれ！」との、御本仏《ごほんぶつ》の御遺命《ごゆいめい》の叫《さけ》びが、私の生命に響《ひび》き渡《わた》って止《や》みません。

大聖人直結《ちょっけつ》の学会精神《せいしん》の源流《げんりゅう》は、この一書《いっしょ》にあると言っても過言《かごん》ではありません。

ゆえに戸田先生も、力《ちから》を入れて幾《いく》たびも本抄《ほんしょう》を講義してくださっています。

あの「大阪の戦い」の折《おり》にも、先生は弟子の勝利のために本抄を講義してくださった。

この大恩《だいおん》は、決《けっ》して忘《わす》れません。

昭和三十一年（一九五六年）の一月十七日。戸田先生が、大阪で初《はじ》めて、一般《いっぱん》講義をされるにあたって選《えら》ばれた御書が「顕仏未来記《けんぶつみらいき》」でした。

戸田先生は、講義の後に質問会《しつもんかい》をもってくださった。

ある質問に答《こた》えて、先生は断言《だんげん》された。それはまさに師子吼《ししく》でした。

――法華経《ほけきょう》で南無妙法蓮華経を受けとった地涌の菩薩《じゆのぼさつ》〈注1〉が、広宣流布《こうせんるふ》のときに生まれて集《あつ》まってくる。だから皆さんは貧乏《びんぼう》なんかしていられないのだよ。「南無妙法蓮華経」という題目《だいもく》の力《ちから》、無限《むげん》の福運《ふくうん》の力をもっているのだ！　題目を唱《とな》え、人にも唱えさせることによって、この力を開くのだ！――

常勝《じょうしょう》関西の不滅《ふめつ》の歴史。あの〝まさかが実現《じつげん》〟と言わしめた昭和三十一年の「民衆《みんしゅう》の大《だい》行進《こうしん》」は、先生の師子吼に呼応《こおう》した「地涌の同志《どうし》」の決起《けっき》から始まったのです。

今回は、「顕仏未来記」を謹《つつし》んで拝読《はいどく》し、創価の原点《げんてん》たる「広宣流布の大願《だいがん》」に立ち、連続《れんぞく》勝利の凱歌《がいか》の「勝《か》ち戦《いくさ》」を繰《く》り広《ひろ》げていきましょう。

## 御文

（御書五〇五ページ一行目〜五〇六ページ一行目）

法華経《ほけきょう》の第七に云《いわ》く「我《わ》が滅度《めつど》の後《のち》・後の五百歳の中《うち》に閻浮提《えんぶだい》に広《こう》宣流《せんる》布《ふ》して断絶《だんぜつ》せしむること無《な》けん」等云云《とううんぬん》、予一《よひと》たびは歎《なげ》いて云く仏滅後既《ほとけめつごすで》に二千二百二十余年を隔《へだ》つ何《いか》なる罪業《ざいごう》に依《よ》つて仏《ほとけ》の在世《ざいせ》に生《うま》れず正法《しょうほう》の四依《しえ》・像法《ぞうほう》の中の天台《てんだい》・伝教《でんぎょう》等にも値《あ》わざるやと、亦《また》一たびは喜《よろこ》んで云く何なる幸《さいわい》あつて後《のちの》五百歳に生れて此《こ》の真文《しんもん》を拝見《はいけん》することぞや、在世も無益《むやく》なり前四味《ぜんしみ》の人は未《いま》だ法華経を聞かず正像も又《また》由《よ》し無《な》し南三北七並《なんさんほくしちなら》びに華《け》厳真言《ごんしんごん》等の学者は法華経を信ぜず、天台大《だい》師《し》云く「後の五百歳遠《とお》く妙道《みょうどう》に沾《うる》おわん」等云云広宣流布の時を指《さ》すか、伝教大師云く「正像稍過《ややす》ぎ已《おわ》つて末法太《まっぽうはなは》だ近きに有《あ》り」等云云末法

の始《はじめ》を願楽《がんぎょう》するの言《ことば》なり、時代を以《もっ》て果報《かほう》を論《ろん》ずれば竜樹《りゅうじゅ》・天親《てんじん》に超《ちょう》過《か》し天台《てんだい》・伝教《でんぎょう》にも勝《すぐ》るるなり

## 現代語訳

法華経《ほけきょう》第七巻には「私（釈尊《しゃくそん》）が滅度《めつど》した後《のち》、後の五百年のうちに、この法華経を全世界に広宣流布《こうせんるふ》して、断絶《だんぜつ》させてはならない」（薬王菩薩本事品《やくおうぼさつほんじほん》第二十三）と述《の》べられている。

日蓮は一度《ひとたび》は歎《なげ》いて言う。

今は釈迦仏《しゃかぶつ》の滅後《めつご》、すでに二千二百二十余年が経《た》っている。いったいどのような罪業《ざいごう》があって、釈尊のおられる時代に生まれ合わせることができず、また、正法《しょうほう》時代の四依《しえ》の人（迦葉《かしょう》・阿難《あなん》や竜樹・天親等）にも、像法《ぞうほう》時

代の天台大師《てんだいだいし》や伝教大師《でんぎょう》にも会えなかったのであろうかと。

また、一度《ひとたび》は歓喜《かんき》して言う。

いったいどのような福運《ふくうん》があって、後《のち》の五百年である末法《まっぽう》に生まれ、この薬王《やくおう》品《ほん》の真実《しんじつ》の文《もん》を拝見《はいけん》することができたのであろうかと。

釈尊《しゃくそん》のおられる時代に生まれても無益《むえき》である場合《ばあい》がある。前四味《ぜんしみ》の爾前経《にぜんきょう》を聞くだけにとどまる人は、いまだ法華経《ほけきょう》を聞いていないからである。

正法《しょうほう》・像法《ぞうほう》時代に生まれても、意味がない場合がある。南三北七《なんさんほくしち》（中国・南北朝時代の十の宗派《しゅうは》）の諸宗《しょしゅう》ならびに華厳《けごん》・真言宗《しんごんしゅう》等の学者は法華経を信じていないからである。

天台大師は「後の五百歳、末法の初《はじ》めから遠《とお》く未来にわたって妙法が流布《るふ》して、その功徳《くどく》に潤《うるお》うであろう」（『法華文句《ほっけもんぐ》』）と述《の》べている。これは広宣《こうせん》流布の時を指《さ》しているのであろう。伝教大師は「正法・像法の時代は、ほとんど過《す》ぎ終わって、末法がいよいよ間近《まぢか》である」（『守護国界章《しゅごこっかいしょう》』）と述べている。これは末法の初めに生まれることを願《ねが》い求《もと》める言葉《ことば》である。

生まれ合わせた時代によって、身《み》にそなわる果報《かほう》の優劣《ゆうれつ》を論《ろん》ずるならば、日蓮は正法《しょうほう》時代の竜樹《りゅうじゅ》・天親《てんじん》を超《こ》えているだけでなく、像法《ぞうほう》時代の天台《てんだい》・伝教《でんぎょう》にも勝《すぐ》れているのである。

## 未来記《みらいき》――後世《こうせい》の門下《もんか》への遺命《ゆいめい》

題号《だいごう》の「顕仏《けんぶつ》未来記」（仏《ほとけ》の未来記を顕《あらわ》す）とは、「未来を予見《よけん》し、記《しる》した仏の言葉《ことば》を実現《じつげん》する」という意味です。

「仏の未来記」とは一往《いちおう》は釈尊《しゃくそん》の未来記を指《さ》しますが、本抄《ほんしょう》の元意《がんい》は、末法《まっぽう》の御本仏《ごほんぶつ》としての「日蓮大聖人の未来記」を明《あ》かされることにあります。

釈尊の未来記とは、本抄冒頭《ぼうとう》に引用《いんよう》されている法華経薬王品《ほけきょうやくおうほん》の経文《きょうもん》です。

釈尊の滅後《めつご》の悪世《あくせ》、とりわけ末法においては、あらゆる魔性《ましょう》の跳梁《ちょうりょう》と戦い、全世界への法華経広宣流布《こうせんるふ》を断絶《だんぜつ》させてはならないとの仏意《ぶつい》・仏勅《ぶっちょく》が示《しめ》されています。

本抄では、この釈尊の未来記を現実《げんじつ》のものとしたのは、大聖人ただお一人《ひとり》であることが示《しめ》されています。

そのうえで、大聖人御自身《だいしようにんごじしん》の未来記《みらいき》として、法華経《ほけきよう》の肝要《かんよう》である南無妙法蓮華経の大法《だいほう》が世界中に流布《るふ》することが明《あ》かされていきます。

本抄《ほんしよう》は文永《ぶんえい》十年（一二七三年）閏《うるう》五月、流罪《るざい》の地・佐渡《さど》の一谷《いちのさわ》で執筆《しつぴつ》されました。

本抄には、特定《とくてい》の対告衆《たいごうしゆう》が存在《そんざい》しません。それは、現在と未来の全門下《ぜんもんか》に与《あた》えられた御《ご》遺命《ゆいめい》とも拝《はい》される重書《じゆうしよ》であることを示しているのではないでしょうか。

同じく佐渡で著《あらわ》された「開目抄《かいもくしよう》」「観心本尊抄《かんじんのほんぞんしよう》」〈注2〉には、人・法の本尊をめぐる法《ほう》門《もん》が明かされています。本抄は、この深義《じんぎ》を踏《ふ》まえ、宇宙根源《うちゆうこんげん》の妙法と一体《いつたい》の尊極《そんごく》の生命を万人《ばんにん》に開いていく日蓮大聖人の仏法こそが、末法《まつぽう》の全世界の人々を救《すく》いうる大法であることが示されていきます。

### 末法に生まれ合わせた喜《よろこ》び

本抄の冒頭《ぼうとう》では、末法に生まれたがゆえに、法華経を説《と》いた釈尊《しやくそん》にも、正法《しようほう》・像法《ぞうほう》時代〈注3〉の迦葉《かしよう》・阿難《あなん》や竜樹《りゆうじゆ》・天親等《てんじんとう》〈注4〉、また法華経を弘《ひろ》めた天台《てんだい》・伝教等《でんぎよう》〈注5〉とも巡《めぐ》り合《あ》うことができないのは、実《じつ》に嘆《なげ》かわしいことであると言われています。

釈尊《しゃくそん》の在世《ざいせ》から遠《とお》く隔《へだ》てられた末法《まっぽう》の時代は、衆生《しゅじょう》を教化《きょうけ》する師《し》たる釈尊の影響力《えいきょうりょく》が薄《うす》れ、残《のこ》された教《おし》えも形骸化《けいがいか》し、仏教《ぶっきょう》全体の救済力《きゅうさいりょく》が弱《よわ》まっていく時代です。

本抄《ほんしょう》では、末法は形《かたち》だけは釈尊の教えが残っているが、実践《じっせん》も実証《じっしょう》もなくなってくる時代であると、末法の本質《ほんしつ》を示《しめ》されています〈注6〉。

このような仏教の衰《おとろ》えとともに、人々の生命力も衰え、時代全体も濁《にご》ってしまう。したがって、末法は、法の上からも、時代相《そう》の上からも、嘆くべき時代であると、当時の人々は受《う》け止《と》めていたのです。

しかし、大聖人《だいしょうにん》は一転《いってん》して、実は末法に生まれることは喜《よろこ》ばしいことなのだと仰《おお》せです。それは、この薬王品《やくおうほん》に説《と》かれた釈尊の一閻浮提広宣流布《いちえんぶだいこうせんるふ》の遺命《ゆいめい》を実現《じつげん》すべき時代こそが、「後《のち》の五百歳」とあるように、まさに末法であるからです。

更《さら》に、傍証《ぼうしょう》として、末法に生まれることを願《ねが》い求《もと》める天台《てんだい》・伝教《でんぎょう》の言葉《ことば》を引かれています。一見《いっけん》すると、末法は行き詰《づ》まりの時代です。しかし、大聖人は法の上から、むしろ末法は真実《しんじつ》の法が広まる喜ぶべき時代であると言われているのです。

## 究極《きゅうきょく》の妙理《みょうり》と尊極《そんごく》の生命

では、末法《まっぽう》が法の上からは、むしろ喜《よろこ》ぶべき時代であると言えるのは、何故《なにゆえ》でしょうか。

本抄《ほんしょう》では、末法という時代の様相《ようそう》と、この時に、いかなる法が、いかなる人によって弘《ひろ》められるかを示《しめ》されています。

その結論《けつろん》として、次のように述《の》べられています。

「諸天善神並《しょてんぜんじんなら》びに地涌《じゆ》千界等《せんがいとう》の菩薩《ぼさつ》・法華《ほっけ》の行者《ぎょうじゃ》を守護《しゅご》せん此《こ》の人は守護の力《ちから》を得《え》て本《ほん》門《もん》の本尊・妙法蓮華経の五字を以《もっ》て閻浮提《えんぶだい》に広宣流布《こうせんるふ》せしめんか」（御書五〇七ページ）

すなわち、末法に広まるべき法は「本門の本尊・妙法蓮華経の五字」です。

弘める主体者《しゅたいしゃ》は「法華の行者」です。

この二つの要件《ようけん》が揃《そろ》ったとき、末法は、嘆《なげ》くべき「法滅濁世《ほうめつじょくせ》」から一転《いってん》して、喜ぶべき「法華経《ほけきょう》広宣流布の時代」へと転換《てんかん》するのです。

「本門の本尊・妙法蓮華経の五字」とは、一切衆生《いっさいしゅじょう》を救済《きゅうさい》する根源《こんげん》の妙理です。

また、妙理と一体《いったい》になった尊極なる仏《ほとけ》の生命でもあります。また、これは、あらゆる仏の成仏《じょうぶつ》を可能《かのう》にした究極《きゅうきょく》の法であり、成仏の種子《しゅし》という意味で、「仏種《ぶっしゅ》」と言うこともできます。

この仏種は、万人《ばんにん》の生命に本来《ほんらい》、具《そな》わっています。

しかし生命が無明《むみょう》〈注7〉によって覆《おお》われているために、その働《はたら》きは容易《ようい》には現《あらわ》れてきません。そこで、無明と戦う道を示《しめ》す「師《し》」と、本来生命に具わる仏種を直《ただ》ちに指《さ》し示す「教法《きょうほう》」が必要《ひつよう》になるのです。

その「師」が末法《まっぽう》においては「法華経《ほけきょう》の行者《ぎょうじゃ》」であり、その「教法」が「本門《ほんもん》の本尊・妙法蓮華経の五字」です。

人間に本来具わっている仏種を触発《しょくはつ》する「成仏の直道《じきどう》」が、末法の衆生《しゅじょう》を救《すく》うためには不可欠《ふかけつ》となります。

日蓮大聖人は、そのための「師」と「教法」を、「開目抄《かいもくしょう》」と「観心本尊抄《かんじんのほんぞんしょう》」で明《あ》かされました。そして、師と教法が確立《かくりつ》された時に、本抄《ほんしょう》「顕仏未来記《けんぶつみらいき》」を著《あらわ》され、世界広宣《こうせん》流布《るふ》を宣言《せんげん》されたのです。

## 魔性《ましょう》と戦う「法華経《ほけきょう》の行者《ぎょうじゃ》」こそ末法《まっぽう》の師《し》

さて、末法流布《るふ》の「師」たる存在《そんざい》を「法華経の行者」と言われていることは、大聖人《だいしょうにん》の仏法において限《かぎ》りなく重要《じゅうよう》なポイントとなります。

なぜならば、生命の法である仏種《ぶっしゅ》の働《はたら》きを我《わ》が身《み》に現《あらわ》すのも人間であり、仏種の顕現《けんげん》を妨《さまた》げる無明《むみょう》と戦うのも人間であるからです。

一人《ひとり》の人間が無明と戦いうること、そして、仏種を現しうることを、自《みずか》らの身をもって実証《じっしょう》し、それを人々に教《おし》え伝《つた》えていける人こそが、「末法の師」でありうるのです。

その人こそ大聖人が仰《おお》せの「法華経の行者」です。

法華経を身をもって実践《じっせん》する人です。

法華経を研究《けんきゅう》するだけ、あるいは法華経を形《かたち》のうえで読誦《どくじゅ》するだけの人は法華経の行者とは言えません。

法華経の行者の本質《ほんしつ》は、仏種の力《ちから》を生命に現す実践と実証にあります。特に、すべての人が現実《げんじつ》に仏種を現していける道を確立《かくりつ》するためには、あらゆる魔性に打ち勝っていく信《しん》念《ねん》と実践が不可欠《ふかけつ》です。

創価の戦いも、まさに魔性《ましょう》との戦いから始まりました。

牧口先生は喝破《かっぱ》されました。

「現在の如《ごと》き恐怖悪世《くふあくせ》の相《そう》を現出《げんしゅつ》し釈尊《しゃくそん》の三千年前の御予言《ごよげん》たる『末法濁悪《まっぽうじょくあく》』の世《よ》が現《げん》実《じつ》に証明《しょうめい》されるのは、強盗殺人等《ごうとうさつじんとう》の大悪《だいあく》よりも（中略）社会的大悪よりも、高官高位《こうかんこうい》に蟠《ばん》居《きょ》（＝とぐろを巻《ま》いて動《うご》かないこと）して賢善有徳《けんぜんうとく》の相をしていながら、大善《だいぜん》を怨嫉《おんしつ》し軽蔑《けいべつ》して大悪に迎合《げいごう》し加勢《かせい》し、以《もっ》てその地位の擁護《ようご》と現状《げんじょう》の維持《いじ》とに力《ちから》を尽《つく》す高僧大徳《こうそうだいとく》智者学《しゃがく》匠《しょう》によるといわねばなるまい」（牧口常三郎著、戸田城聖補訂『価値論』）

社会的に善人と思われている人が、大善を怨嫉し、大悪に迎合する。

こうした逆説的《ぎゃくせつてき》な事実《じじつ》が必《かなら》ず起《お》きることが、末法弘通《ぐつう》の困難《こんなん》さの根源《こんげん》にあるのです。

末法の師《し》である「法華経《ほけきょう》の行者《ぎょうじゃ》」とは、この困難さと戦い抜《ぬ》く人でなければなりません。

創価の三代の会長は、この戦いを貫《つらぬ》いたがゆえに、現代広宣流布《げんだいこうせんるふ》の指揮《しき》を執《と》ることができたのです。

## 御　文

（御書五〇八ジペー十行目〜十二行目）

問《と》うて曰《いわ》く仏記《ぶっき》既《すで》に此《か》くの如《ごと》し汝《なんじ》が未来記《みらいき》如何《いかん》、答《こた》えて曰く仏記に順《じゅん》じて之《これ》を勘《かんが》うるに既《すで》に後《のち》五百歳の始《はじめ》に相当《あいあた》れり仏法必《かなら》ず東土《とうど》の日本より出《い》づべきなり

## 現代語訳

問うて言うには、釈尊《しゃくそん》の未来記があなたの身《み》の上《うえ》にあてはまることはよくわかった。それでは、あなたの未来記はどうなっているのか。

答《こた》えて言うには、釈尊《しゃくそん》の未来記《みらいき》にしたがってこれを考《かんが》えてみると、今は既《すで》に後《のち》五百歳の始め、すなわち末法《まっぽう》の始めに相当《そうとう》している。

末法に弘《ひろ》まるべき真実《しんじつ》の仏法は、必《かなら》ず東土《とうど》の日本から出現《しゅつげん》するはずである。

## 日蓮大聖人の未来記《みらいき》──仏法西還《せいかん》

大聖人御自身《ごじしん》の未来記が明快《めいかい》に示《しめ》されています。問《と》いも明確《めいかく》です。大聖人の未来記は何かと、真《ま》っすぐに問いを立てています。

大聖人の答《こた》えも、明快です。「仏法西還」──世界広宣流布《こうせんるふ》です。末法万年《まっぽうまんねん》、一閻浮提《いちえんぶだい》の全民衆《ぜんみんしゅう》を救《すく》う大法《だいほう》が、今出現《しゅつげん》し、世界中の人々の幸福を実現《じつげん》し、平和の楽土《らくど》を築《きず》いていく、というのが大聖人の未来記です。

大聖人は次のようにも仰《おお》せです。

「月は西《にし》より出《い》でて東《ひがし》を照《てら》し日は東より出でて西を照す仏法も又以《またもっ》て是《か》くの如《ごと》し正像《しょうぞう》には西より東に向《むか》い末法には東より西に往《ゆ》く」（御書五〇八ジペー）

――月は西《にし》から出て東《ひがし》を照《て》らし〈注8〉、日は東から出て西を照らす。仏法もまたこの通りである。正法《しょうほう》・像法《ぞうほう》時代は、釈尊《しゃくそん》の仏法が西のインドから出て東の日本へと次第《しだい》に伝《つた》わり、末法《まっぽう》においては、南無妙法蓮華経の大法《だいほう》が東の日本から西へと流布《るふ》していくのである――と。

戸田先生は、この御文《ごもん》を拝《はい》して記《しる》されています。

「もしこの御予言《ごよげん》を実現《じつげん》せずんば、仏《ほとけ》の未来記《みらいき》を虚妄《こもう》にするの罪《つみ》、われら仏弟子《ぶつでし》にあるのではなかろうか。おそるべし、つつしむべしと、思わざるをえないのである」

先生は、大聖人《だいしょうにん》の仏法西還《せいかん》の未来記を受けて「東洋広布《とうようこうふ》」と叫《さけ》ばれ、青年に世界広布の舞台《ぶたい》を指《さ》し示《しめ》してくださった。

今や妙法を根本《こんぽん》とした平和の連帯《れんたい》は、世界の百九十カ国・地域へと広がりました。

私は戸田先生の心を、わが胸《むね》に抱《だ》きしめて、世界に道を開きました。

大聖人が御宣言《ごせんげん》された仏法西還・世界広布――。これを受けて、創価の父・牧口先生は、全世界の人類《じんるい》の即身成仏《そくしんじょうぶつ》〈注9〉の実現《じつげん》を熱望《ねつぼう》されていました。

戸田先生は、師匠《ししょう》の熱《あつ》き思いを、真《ま》っすぐに受け継《つ》いでおられた。

逝去《せいきょ》の直前《ちょくぜん》には、メキシコへ行《い》った夢を見たと言われ、こう語《かた》られました。

「待《ま》っていた、みんな待っていたよ。日蓮大聖人の仏法を求《もと》めてな。行きたいな、世界へ。広宣流《こうせんる》布《ふ》の旅《たび》に……」

この言葉《ことば》は永遠《えいえん》に私の耳朶《じだ》から離《はな》れません。戸田先生を世界にお連《つ》れし、一閻浮提《いちえんぶだい》広宣流布の発展《はってん》を見ていただく——。その思いで私は世界を駆《か》け巡《めぐ》り、対話《たいわ》行動《こうどう》に邁進《まいしん》してきました。私は、海外《かいがい》に行く時は、常《つね》に、戸田先生の写真《しゃしん》を携《たずさ》えました。

そして今、戸田先生に私は堂々《どうどう》と勝利のご報告《ほうこく》ができます。

初代・二代の悲願《ひがん》を、私が実現《じつげん》しました。世界広宣流布の基盤《きばん》を盤石《ばんじゃく》に完成《かんせい》させました、と。莞爾《かんじ》とされる戸田先生の慈顔《じがん》が目に浮《う》かびます。

世界広布の第二幕は、絢爛《けんらん》たる地涌《じゆ》の友の乱舞《らんぶ》によって、仏法に基《もと》づく価値《かち》創造《そうぞう》の華《はな》が万朶《ばんだ》と咲《さ》き誇《ほこ》っていく時代です。私は、そのための舞台《ぶたい》を完璧《かんぺき》に整《ととの》えてきました。世界の各界《かっかい》の人々が、私たちの平和と文化の行動に期待《きたい》を寄《よ》せております。

この勝利と栄光と福徳《ふくとく》は、世界の同志《どうし》の皆さまを子々孫々《ししそんそん》まで晴《は》れやかに包《つつ》みゆくことでありましょう。私は全同志に心からの感謝《かんしゃ》を申《もう》し上《あ》げたい。

## 御文

（御書五〇九ページ二行目～六行目）

日蓮此《こ》の道理を存《そん》して既《すで》に二十一年なり、日来《ひごろ》の災《さい》・月来《つきごろ》の難《なん》・此の両三年の間《あいだ》の事《こと》既に死罪《しざい》に及《およ》ばんとす今年・今月万が一も脱《の》がれ難《がた》き身命《しんみょう》なり、世《よ》の人疑《うたが》い有《あ》らば委細《いさい》の事は弟子《でし》に之《これ》を問《と》え、幸《さいわい》なるかな一生《いっしょう》の内《うち》に無始《むし》の謗法《ほうぼう》を消滅《しょうめつ》せんことを悦《よろこ》ばしいかな未《いま》だ見聞《けんもん》せざる教主釈尊《きょうしゅしゃくそん》に侍《つか》え奉《たてまつ》らんことよ、願《ねがわ》くは我《われ》を損《そん》ずる国主等《こくしゅとう》をば最初に之を導《みちび》かん、我を扶《たす》くる弟子等をば釈尊に之を申《もう》さん、我を生《う》める父母等には未だ死せざる已前《いぜん》に此の大善《だいぜん》を進《すす》めん

## 現代語訳

日蓮は、末法広宣流布《まっぽうこうせんるふ》の道理を知って大法《だいほう》を弘《ひろ》めてから、すでに二十一年になる。日々に災《わざわ》いが競《きそ》い、月々《つきづき》に難《なん》が起《お》こったが、この二、三年の間《あいだ》には、死罪《しざい》にまで及《およ》ぼうとした。今年、今月にも、万が一にも死を免《まぬか》れようのない身命《しんみょう》である。世間《せけん》の人よ、私の言葉《ことば》に疑《うたが》いがあるならば、詳《くわ》しいことは私の弟子《でし》に聞きなさい。なんと幸《さいわ》いなことであろうか。この一生《いっしょう》のうちに、無始《むし》以来の謗法《ほうぼう》の罪《つみ》を消滅《しょうめつ》できるとは。なんと喜《よろこ》ばしいことであろうか。今までお会いしていない教主《きょうしゅ》釈尊《しゃくそん》にお仕《つか》えすることができるとは。

願《ねが》わくは私を亡《な》き者にしようとする国主《こくしゅ》たちをまず最初に導《みちび》こう。私を助《たす》ける弟子たちのことを釈尊に申《もう》し上《あ》げよう。私を生んだ父母には、自分が生きているうちに、この大善《だいぜん》の功徳《くどく》をさしあげよう。

## 「御本仏《ごほんぶつ》の澄《す》みきったご心境《しんきょう》」

「此《こ》の道理」とは、法華経《ほけきょう》で釈尊《しゃくそん》が予言《よげん》した通りに、末法《まっぽう》に広宣流布《こうせんるふ》を実現《じつげん》する法華経の行者《ぎょうじゃ》が出現《しゅつげん》する、という道理です。

大聖人《だいしょうにん》は、立宗《りっしゅう》以来二十一年、この道理を自覚《じかく》されていた。

その間、大難《だいなん》は激《はげ》しさを増《ま》し、流罪《るざい》の地・佐渡《さど》に至《いた》っても、明日《あす》をも知れぬ身命《しんみょう》であられながら、正法流通《しょうほうるつう》と民衆救済《みんしゅうきゅうさい》へ、いやまして挑《いど》まれるご心境を記《しる》されています。

当時、佐渡流罪は、斬首《ざんしゅ》に次《つ》ぐ重い刑罰《けいばつ》であり、一度流《ひとたびなが》されたならば生きて帰ることはないと言われていた。

まさに「今年・今月万が一も脱《の》がれ難《がた》き身命なり」とは、誇張《こちょう》などではありません。

「世《よ》の人疑《うたが》い有《あ》らば委細《いさい》の事《こと》は弟子《でし》に之《これ》を問《と》え」との仰《おお》せからも、餓死《がし》、凍死《とうし》、謀殺《ぼうさつ》の危機《きき》という極限状態《きょくげんじょうたい》のなかで、後世《こうせい》のために残《のこ》すべき法門《ほうもん》を、また門下《もんか》への激励《げきれい》を、「これが最後の一編《ぺん》になるか」との思いで認《したた》められたのではないかと拝《はい》されます。

「顕仏未来記《けんぶつみらいき》」を拝して戸田先生は「御本仏日蓮大聖人の澄みきったご心境が如実《にょじつ》にうかがわれる」と記されました。

「成仏《じょうぶつ》の境涯《きょうがい》とは絶対《ぜったい》の幸福境である。なにものにも侵《おか》されず、なにものにもおそれず、瞬間瞬間《しゅんかん》の生命が澄《す》みきった大海《たいかい》のごとく、雲一片《くもいっぺん》なき虚空《こくう》のごときものである。大聖人《だいしょうにん》の佐渡御流罪中《さどごるざいちゅう》のご境涯はこのようなご境涯であったと拝《はい》される」

## 宿命転換《しゅくめいてんかん》と民衆救済《みんしゅうきゅうさい》の慈悲《じひ》の大闘争《だいとうそう》

障魔《しょうま》との戦いである広宣流布《こうせんるふ》の闘争は、各人の宿命転換を実現《じつげん》する力《ちから》に漲《みなぎ》っています。

それが、一国の宿命転換、そして全人類《ぜんじんるい》の宿命転換へと広がっていきます。

仏《ほとけ》の大願《だいがん》に生き、自他《じた》の仏界《ぶっかい》の生命を湧現《ゆげん》していく戦いであるからこそ、人類の境涯を高める大道《だいどう》になるのです。

大聖人は、「幸《さいわい》なるかな」「悦《よろこ》ばしいかな」と、仏界の生命を実現された歓喜《かんき》を述《の》べられています。

また、自他ともの幸福を目指《めざ》す広宣流布の闘争においては、慈悲の生命力が増進《ぞうしん》します。

本抄《ほんしょう》で大聖人は、国主《こくしゅ》、弟子《でし》、父母に対《たい》して、その慈悲の生命で大きく包《つつ》まれていきます。

私を迫害《はくがい》した国主を第一に救《すく》おうとの仰《おお》せは、慈悲の極致《きょくち》を示《しめ》されていると拝することができます。

私を支《ささ》えた弟子《でし》を仏《ほとけ》に報告《ほうこく》し、讃嘆《さんたん》していこう。私を生んだ父母には、成仏《じょうぶつ》という大善《だいぜん》を送《おく》り、報恩《ほうおん》を尽《つ》くそう、とも仰《おお》せです。

これらの歓喜《かんき》と感謝《かんしゃ》と慈愛《じあい》に満《み》ちた透徹《とうてつ》した宣言《せんげん》は、法《ほ》華経《けきょう》の行者《ぎょうじゃ》として戦い抜《ぬ》いた大《だい》境涯《きょうがい》から迸《ほとばし》り出たお言葉《ことば》であり、いかなる迫害《はくがい》も打《う》ち負《ま》かすことのできなかった「仏界《ぶっかい》の生命の勝鬨《かちどき》」「御本仏《ごほんぶつ》の闘争《とうそう》の大勝利宣言」であると拝《はい》されるのではないでしょうか。

## 御文

（御書五〇九ページ六行目〜十一行目）

但《ただ》し今夢の如《ごと》く宝塔品《ほうとうほん》の心を得《え》たり、此《こ》の経《きょう》に云《いわ》く「若《も》し須弥《しゅみ》を接《と》つて他方《たほう》の無数《むすう》の仏土《ぶつど》に擲《な》げ置《お》かんも亦未《またいま》だ為難《これかた》しとせず乃至《ないし》若し仏《ほとけ》の滅後《めつご》に悪世《あくせ》の中に於《おい》て能《よ》く此の経を説《と》かん是《こ》れ則《すなわ》ち為難し」等云云《とううんぬん》、伝教大師《でんぎょうだいし》云く「浅《あさ》きは易《やす》く深《ふか》きは難しとは釈迦《しゃか》の所判《しょはん》なり浅きを去《さ》つて深きに就《つ》くは丈夫《じょうぶ》の心なり、天台《てんだい》大師は釈迦に信順《しんじゅん》し法華宗《ほっけしゅう》を助《たす》けて震旦《しんたん》に敷揚《ふよう》し・叡山《えいざん》の一家《いっけ》は天台に相承《そうじょう》し法華宗を助けて日本に弘《ぐ》通《つう》す」等云云、安州《あんしゅう》の日蓮は恐《おそら》くは三師に相承し法華宗を助けて末法《まっぽう》に流通《るつう》す三に一を加《くわ》えて三国四師《さんごくしし》と号《なず》く、南無妙法蓮華経・南無妙法蓮華経

## 現代語訳

ただし今、夢のようではあるが「宝塔品《ほうとうほん》の心」を得《え》たのである。

この品には、「もし須弥山《しゅみせん》をとって他方《たほう》の無数《むすう》の仏土《ぶつど》に投げて置《お》くこともまた、まだこれを難事《なんじ》とはしないのである……もし仏《ほとけ》の滅後《めつご》に悪世《あくせ》のなかにおいて、よくこの経《きょう》を説《と》くことこそ難事である」と説かれている。

伝教大師《でんぎょうだいし》は「浅《あさ》いことは易《やさ》しく、深《ふか》いことは難《むずか》しいというのは釈尊《しゃくそん》の判定《はんてい》である。浅いことを去《さ》って深いことに就《つ》くのが勇者《ゆうしゃ》の心である。天台大師《てんだい》は、釈尊に信順《しんじゅん》し、法華宗《ほっけしゅう》を助《たす》けて中国に弘《ひろ》めて宣揚《せんよう》し、比叡山《ひえいざん》の一門《いちもん》は天台を引《ひ》き継《つ》いで、法華宗を助けて日本に弘通《ぐつう》するのである」と述《の》べている。安房国《あわのくに》（現在の千葉県南部《なんぶ》）の日蓮は、恐《おそ》れ多《おお》いことだが、必《かなら》ず、釈尊、天台大師、伝教大師の三師の後を受け継ぎ、法華宗を助けて、末法《まっぽう》に流通《るつう》するのである。三師に一を加《くわ》えて、三国四師《さんごくしし》と名《な》づけるのである。南無妙法蓮華経、南無妙法蓮華経。

## 「浅《あさ》きを去《さ》つて深《ふか》きに就《つ》くは丈夫《じょうぶ》の心」

ここで大聖人《だいしょうにん》は、法華経見宝塔品《ほけきょうけんほうとうほん》第十一の六難九易《ろくなんくい》〈注10〉に言及《げんきゅう》されています。「須弥山《しゅみせん》〈注11〉を手にとって他《た》の国土《こくど》に投げ置《お》く」「枯《か》れ草《くさ》を背負《せお》って劫火《ごうか》の中に入《はい》っても焼《や》けない」等よりも、滅後《めつご》に法華経を弘通《ぐつう》することは難事中《なんじちゅう》の難事である。

釈尊《しゃくそん》は、この六難九易を通して何を示《しめ》したかったのか。

それは、末法広宣流布《まっぽうこうせんるふ》が難事であることを強調《きょうちょう》することで、民衆救済《みんしゅうきゅうさい》の強い誓願《せいがん》を起《お》こすべきであることを菩薩《ぼさつ》たちに勧《すす》めるためです。

「宝塔品の心」――。それは全人類《ぜんじんるい》の幸福を実現《じつげん》しようとする仏《ほとけ》の誓願の心です。

そして、この仏の誓願を受《う》け継《つ》ぎ、いかなる大難があっても末法広宣流布を断固《だんこ》実現しようと立ち上がった地涌《じゆ》の菩薩の誓願の心でもあります。

「開目抄《かいもくしょう》」に示されているように、大聖人は、立宗宣言《りっしゅうせんげん》のときに、この宝塔品の六難九易の意義《いぎ》を深《ふか》く知って、地涌の誓願を立てられました〈注12〉。そして、その誓願のままに相次《あいつ》ぐ大難をすべて勝ち越《こ》えてこられた。

そして、最後の大難である佐渡流罪《さどるざい》においては、全民衆救済の大法《だいほう》を確立《かくりつ》し、その世界広宣流布《こうせんるふ》を本抄《ほんしょう》において宣言《せんげん》されたのです。それは、末法《まっぽう》の御本仏《ごほんぶつ》としての偉大《いだい》なる勝利宣言であると拝《はい》することができます。

ゆえに「今夢の如《ごと》く宝塔品《ほうとうほん》の心を得《え》たり」と記《しる》されております。すなわち、誓願《せいがん》のままに大難《だいなん》に耐《た》え、末法弘通《ぐつう》に生《い》き抜《ぬ》いてこられたがゆえに、「宝塔品の心」すなわち「仏《ほとけ》の心」を会得《えとく》なされたと仰《おお》せです。

ともあれ、いかなる大難をも越《こ》えて、法華《ほっけ》弘通の誓願に生き抜くことが、「仏の心」を我《わ》が心としていく唯一《ゆいいつ》の道なのです。

どんなことがあっても、広布の誓願に生き、自身の使命《しめい》を果《は》たし抜こうとする「強い心」「深《ふか》い心」を貫《つらぬ》けば、我が生命を仏の生命へと鍛《きた》え上《あ》げていくことができる。

そのことを大聖人《だいしょうにん》は「浅《あさ》きを去《さ》つて深きに就《つ》くは丈夫《じょうぶ》の心なり」との伝教大師《でんぎょうだいし》の言葉《ことば》をもって示《しめ》されています。

「丈夫の心」とは、法華経《ほけきょう》に示された「仏の心」のままに、敢然《かんぜん》と広宣流布の信心に立ち上がる「勇者《ゆうしゃ》の心」にほかなりません。

勇敢《ゆうかん》に広布に戦い抜くなら、「仏の心」が我が生命に満《み》ちあふれてこないわけがない。

## 法華宗《ほっけしゅう》とは「人間宗」

本抄《ほんしょう》の末尾《まつび》で大聖人《だいしょうにん》は、インドの釈尊《しゃくそん》、中国の天台大師《てんだいだいし》、日本の伝教《でんぎょう》大師という法華宗の三国三師《さんごくさんし》を受《う》け継《つ》いで、末法《まっぽう》に妙法を弘通《ぐつう》してきたと述《の》べられています。

したがって、御自身《ごじしん》を加《くわ》えて「三国四師」と名《な》づけると宣言《せんげん》されています。

この「三国四師」は、法華経《ほけきょう》の行者《ぎょうじゃ》の系譜《けいふ》です。

それは、万人《ばんにん》の成仏《じょうぶつ》という、仏教《ぶっきょう》の究極《きゅうきょく》の理想《りそう》を実現《じつげん》する真《しん》の正統《せいとう》であり、その道を開きゆく創造的開拓者《そうぞうてきかいたくしゃ》が法華経の行者です。

妙法という無限《むげん》の力《ちから》を自他《じた》ともの胸中《きょうちゅう》に湧《わ》き立《た》たせ、濁悪《じょくあく》の世《よ》にあっても蓮華《れんげ》のように価値《かち》の花を咲《さ》かせ切っていく。

その勝利の人華《にんげ》を陸続《りくぞく》と開花《かいか》させ、自分も蓮華と咲き、万人をも蓮華と輝《かがや》かせていくのが「法華宗」です。言《い》い換《か》えれば、「法華宗」とは、万人に尊極《そんごく》の生命を開く「人間宗」であり、「価値創造宗」です。

ここで大聖人は「日本の日蓮」ではなく、「安州《あんしゅう》の日蓮」すなわち「安房《あわ》の日蓮」と言われ、身近《みぢか》な郷土《きょうど》に根《ね》ざした一人《ひとり》の人間の立場《たちば》を示《しめ》されている。これは、御謙遜《ごけんそん》であられるとともに、国を超《こ》えて全世界に広まりゆく普遍的《ふへんてき》な正法《しょうほう》を確立《かくりつ》されたお立場を示されているとも拝《はい》されます。

創価学会は、この三国四師《さんごくしし》の系譜《けいふ》において創立《そうりつ》された、真《しん》の法華宗《ほっけしゅう》を世界に弘通《ぐつう》している唯一《ゆいいつ》の仏勅《ぶっちょく》の教団《きょうだん》です。

そして、無数《むすう》の地涌《じゆ》の菩薩《ぼさつ》を全世界に呼《よ》び覚《さ》まし、万年《まんねん》の未来にわたる堂々《どうどう》たる平和への大行進《だいこうしん》を続《つづ》ける尊貴《そんき》なる和合僧団《わごうそうだん》であります。

戸田先生は「広宣流布《こうせんるふ》のさきがけをしようではないか」と叫《さけ》ばれ、「創価学会は宗教界《しゅうきょうかい》の王者である」と宣言《せんげん》されました。

私は、私とともに戦ってきてくださった皆様とともに、「我《われ》らこそ御本仏《ごほんぶつ》の未来記《みらいき》の主人公《しゅじんこう》なり」と、誇《ほこ》り高く宣言したい。

そして「私は勝った！　我らは勝ちに勝った！」と言える輝《かがや》かしい人生を、愉快《ゆかい》に、朗《ほが》らかに、はるかな未来へ向かって共々《ともども》に生き切っていきましょう。

# 注解

〈注1〉【地涌《じゆ》の菩薩《ぼさつ》】本書八九ページを参照。

〈注2〉【「開目抄《かいもくしょう》」「観心本尊抄《かんじんのほんぞんしょう》」】「開目抄」は文永《ぶんえい》九年（一二七二年）二月に門下《もんか》一同に与えられた書で日蓮大聖人が末法の人々を救う主師《しゅし》親《しん》の三徳を具《そな》えた御本仏であることを示されている。「観心本尊抄」は文永十年（一二七三年）四月に著《あらわ》された書で、末法の人々が信じて成仏《じょうぶつ》するための根本法である南無妙法蓮華経の本尊について説かれている。

〈注3〉【正法《しょうほう》・像法《ぞうほう》時代】釈尊滅後《しゃくそんめつご》には、釈尊の教えが広がり実践されるが、次第に形骸化《けいがいか》し救済力が失われると説かれている。釈尊の教えが正しく残り実践されている時代が正法時代であり、形骸化されて実践されているのが像法時代である。それぞれの期間には諸説あるが、日蓮大聖人御在世《ございせ》当時は、正法千年・像法千年説が広く用《もち》いられていた。像法の後、釈尊の教えの救済力が失われる時代が末法である。

〈注4〉【迦葉《かしょう》・阿難《あなん》や竜樹《りゅうじゅ》・天親《てんじん》等《とう》】迦葉と阿難はともに釈尊《しゃくそん》の十大弟子で、釈尊滅後《めつご》、その教えを正しく伝えた中心者として、迦葉は付《ふ》法蔵《ほうぞう》の第一、阿難は第二に数えられる。竜樹は一五〇年～二五〇年頃の論師で『中論』などを作り大乗《だいじょう》教《きょう》を宣揚《せんよう》した。天親は世《せ》親《しん》とも漢訳されるが、四世紀頃の論師で、最初は小乗教《しょうじょうきょう》を学び『倶舎《くしゃ》論《ろん》』等を作り、後に大乗に帰依《きえ》し唯識《ゆいしき》思想を発展させるとともに、『法華論』を著《あらわ》した。

〈注5〉【天台《てんだい》・伝教等《でんぎょうとう》】天台大師は、本書八九ページを参照。伝教大師最澄《さいちょう》は、日本の平安時代初期に活躍した僧で、天台宗を伝え、法華経を宣揚するとともに、法華円頓戒壇《えんどんかいだん》の建立《こんりゅう》に尽くした。

〈注6〉「小乗《しょうじょう》には教《きょう》のみ有《あ》つて行証《ぎょうしょう》無し大乗《だいじょう》には教行

のみ有つて冥顕《みょうけん》の証之《これ》無し」（御書五〇六㌻）

〈注7〉【無明《むみょう》】本書三〇㌻【元品《がんぽん》の無明】を参照。

〈注8〉【月は西《にし》から出て東《ひがし》を照《て》らし】一説には、月が一日の最初に見える位置は、毎日、東に少しずつ寄って現れるので、それを〝西から出て東を照らす〟と表現された、とされる。また一説には、つごもり（月末）の闇《やみ》の後はじめて出る新月は極めて細くて明るさも少なく、日没後まもなく西の空低くに出て東方を照らすがすぐに沈んでしまうことを、釈尊《しゃくそん》の仏法に譬《たと》えたと考えられる。

〈注9〉【即身成仏《そくしんじょうぶつ》】本書一一九㌻を参照。

〈注10〉【六難九易《ろくなんくい》】法華経見宝塔品《ほけきょうけんほうとうほん》第十一で、釈尊滅《しゃくそんめつ》後《ご》における法華経を受持し弘通《ぐつう》する困難さを六点挙げ、その困難さを示すために九つの難事をむしろ易《やさ》しいこととして示されている。

〈注11〉【須弥山《しゅみせん》】古代インドの世界観で、世界の中心にそびえるとされる山。

〈注12〉「王難《おうなん》等・出来《しゅったい》の時は退転《たいてん》すべくは一度に思ひ止《とど》るべしと且《しばら》くや《休》すらいし程に宝塔品《ほうとうほん》の六難九《ろくなんく》易《い》これなり……法華経《ほけきょう》は一句一偈《いちげ》も末代に持《たも》ちがたしと・とかるるは・これなるべし、今度・強盛《ごうじょう》の菩提心《ぼだいしん》を・をこして退転せじと願《がん》しぬ」（御書二〇〇㌻）

（二〇〇八年一月号）

**池田大作**（いけだ・だいさく）

昭和３年（1928年）、東京生まれ。創価学会名誉会長。創価学会インタナショナル（SGI）会長。創価大学、アメリカ創価大学、創価学園、民主音楽協会、東京富士美術館、東洋哲学研究所、戸田記念国際平和研究所などを創立。世界各国の識者と対話を重ね、平和、文化、教育運動を推進。国連平和賞。モスクワ大学、グラスゴー大学、デンバー大学、北京大学など、世界の大学・学術機関の名誉博士、名誉教授。さらに桂冠詩人・世界民衆詩人の称号、世界桂冠詩人賞など多数受賞。

著書は『人間革命』（全12巻）、『新・人間革命』（現29巻）、『私の世界交友録』など。対談集も『二十一世紀への対話』（A・トインビー）、『二十世紀の精神の教訓』（M・ゴルバチョフ）、『平和の哲学　寛容の智慧』（A・ワヒド）、『地球対談　輝く女性の世紀へ』（H・ヘンダーソン）など多数。

# 希望の経典「御書」に学ぶ 1

二〇一一年九月十二日　発　行
二〇一八年四月三十日　第六刷

著　者　池田大作
発行者　松岡　資
発行所　聖教新聞社
〒一六〇-八〇七〇　東京都新宿区信濃町一八
電話　〇三-三三五三-六一一一（大代表）
印刷所　株式会社　精興社
製本所　大口製本印刷株式会社

定価はカバーに表示してあります

ISBN978-4-412-01475-6